I0421886

EMIL BERDELI

SEX, SPIONAJ ȘI POLIȚIE POLITICĂ ÎN „EPOCA DE AUR"

# EMIL BERDELI

# SEX, SPIONAJ ŞI POLIŢIE POLITICĂ ÎN „EPOCA DE AUR"

*Carte editată cu sprijinul lui Gelu Tofan*

EDITURA VIRTUALĂ
COLECŢIA *MEMORII*
Bucureşti, 2013

Servicii editoriale: Editura Virtuală

www.editura-virtuala.ro

Tel./Fax: 0755335237/0318178309

E-mail: office@editura-virtuala.ro

Corectură şi tehnoredactare: Mihaela Sipoş

Colecţia *Memorii*

Distribuţie naţională şi internaţională: Eagle Distribution / o divizie a Eagle Creative Associates

*În amintirea lui Mihai Pelin*

# PREFAȚĂ

Fantoma tenebroasei Securități, serviciul secret al regimului comunist care a condus România din 1948 până în 1989, bântuie și acum printre noi. În delirul „Epoci de aur", poliția politică a lui Nicolae Ceaușescu ori spionajul coordonat din Centrala de la București au fost angrenaje puse în mișcare atât de ideologia vremii, cât și de frica puterii față de adversarii din exterior ori de propriul popor.

„Sex, spionaj și poliție politică în «Epoca de aur»" este rodul investigațiilor jurnalistice legate de operațiunile din interior ori din exterior ale Departamentului Securității Statului, desfășurate în ani '70 –'80. Cine au fost spionii lui Nicolae Ceaușescu – omul care a condus România cu o mână de fier din 1965 până în 1989? Ce operațiuni desfășurau? Pe cine urmăreau ei? Sunt întrebări la care încerc să răspund în acest volum.

În prezent, mulți dintre foștii agenți secreți ai lui Ceaușescu ocupă funcții importante la vârful societății românești: politicieni influenți, directori, prosperi oameni de afaceri, avocați. Aproape toți au însă un numitor comun: trec sub tăcere faptul că interesele meschine, corupția, mizeria umană, lipsa profesionalismului, ba chiar ridicolul fără margini au dominat serviciile secrete românești și în perioada lor de glorie – anii '70. Iar atunci când, cu greu, vorbesc despre trecut, doresc să lase impresia că structura din care făceau parte a fost una de seniori, dar, mai ales, faptul că și-au servit patria. Da, se pare că și-au servit-o cum nu se poate mai bine, de vreme ce, imediat după 1989, tot oamenii fostei Securități au stat în spatele devalizării celor mai importante bănci ori au vândut pe nimic aproape toată industria românească, considerând că nu mai avem nevoie de „greaua moștenire".

În 1998 l-am cunoscut pe Mihai Pelin, scriitorul și ziaristul care a pătruns primul în arhivele Securității. După 1990, el a reușit să scoată la iveală mii de documente, până atunci strict–secrete. Ulterior, toți cei care ne-am aplecat asupra subiectului (în primul rând, ziariștii) le-am interpretat în fel și chip. Cu Mihai m-am împrietenit după o lungă și aprigă discuție în contradictoriu, iar ziua aceea a fost una cu adevărat bună pentru mine. Timp de nouă ani, am avut pare atât de camaraderia sa sinceră, cât și de informații prețioase, dobândite de el în sute de ore petrecute în Arhivele Securității. Mi le-a dăruit cu o generozitate pe care încă n-am mai întâlnit-o... Nu spun mai multe despre Mihai Pelin pentru că, atunci când trăia, îmi zicea că nu-i plac parastasele.

Am scris foarte multe articole despre spionajul românesc de dinainte de 1989 ori despre Securitatea internă în ultimii 10 ani, ca să mă raportez la o cifră rotundă, însă volumul de față numără cincisprezece povestiri, unele de-a dreptul ilare fiindcă numeroși agenți par a fi fost chiar niște spioni-dandana.

La baza respectivelor povestiri au stau lungi discuții cu Mihai Pelin, cu foști ofițeri de securitate, cu spioni trimiși de Centrala de la București peste granițe, cu diplomați ai regimului comunist, cu ziariști străini, ca și documente ale Securității scoase la iveală de către Mihai Pelin ori note din arhiva Consiliul Național pentru Studierea Arhivelor Securității (CNSAS).

# CÂTEVA PRECIZĂRI NECESARE

Între 1972 și 1978, spionajul românesc funcționa în cadrul Departamentului de Informații Externe din cadrul Securității care aparținea de Ministerul de Interne. Înainte de 1972 ori după 1978, structura secretă care includea spionajul a purtat mai multe denumiri. De pildă, după fuga lui generalului Pacepa a fost numită: Centrul de Informații Externe. În acest volum, am folosit denumirea Departamentul de Informații Externe (DIE) fiindcă majoritatea poveștilor legate de agenții secreți ai Bucureștiului s-au petrecut în perioada anilor '70.

Generalul **Ion Mihai Pacepa** a fost consilier al lui Ceaușescu pentru securitate națională și dezvoltare tehnologică, prim-adjunct al șefului Departamentului de Informații Externe și secretar de stat – spionul preferat al liderului de la București până în 1978 – atunci când a fugit în SUA, via Germania Federală. Dezertarea lui Pacepa, o lovitură grea pentru spionajul românesc de la acea vreme, dar mai ales pentru Nicolae Ceaușescu. Nu doar pentru că a fost cel mai înalt demnitar care l-a trădat pe liderul de la București, cât pentru că se afla printre oamenii săi de încredere. Biografia lui Pacepa este arhicunoscută. A rămas însă un personaj extrem de controversat.

După căderea lui Ceaușescu, generalul s-a ascuns în spatele unei perdele de fum, iar, de acolo, lansează povești de-a dreptul halucinante. Relatările sale despre serviciile secrete, inclusiv despre cel din care a făcut parte (DIE) chiar dacă par senzaționale, cuprind atât de multe neadevăruri încât e aproape imposibil să alegi bobul de neghină. Doar un singur exemplu: prin intermediul realizatoarei tv Lucia Hossu Longin, Pacepa a lansat „bomba" că Putin a pus o recompensă de 20 de milioane de Euro pe capul său. Adevărat, „Țarul" nu-i vreun înger, dar minciuna asta-i mai mare decât Kremlinul și Casa Poporului la un loc. Din 1989 încoace, Pacepa joacă și rolul spionului care se ascunde în permanență, deși nimeni nu-l caută.

Generalul **Nicolae Doicaru** – șeful Direcției I – Informații Externe, din cadrul DGSS (1959–1963); adjunct al ministrului de interne și șef al Direcției Generale de Informații Externe, din cadrul Consiliului Securității Statului (1963-1972); prim-adjunct al ministrului de interne și șef al Departamentului de Informații Externe – DIE între 1972 și 1978. A fost anchetat cu duritate după dezertarea generalului Ion Mihai Pacepa, adjunctul său. La începutul interogatoriului i s-a cerut să vorbească, apoi să tacă. Deținea prea multe informații compromițătoare despre cei care conduceau atunci România. Șeful spionilor făcea parte din categoria semianalfabeților, însă unul pe care chiar Ceaușescu l-a știut de frică până la sfârșitul vieții. Doicaru a murit în 1991, la o partidă de vânătoare, lângă Focșani. Imediat s-a răspândit zvonul că... „a fost sinucis" de un glonț rătăcit, fiindcă știa prea multe. Se pare însă că, la sfârșitul vânătorii, obosit, s-ar fi sprijinit cu barba în țeava propriei arme, descărcată accidental atunci când roțile mașinii ARO în care se afla fostul șef al spionilor a trecut peste mai multe denivelări de teren. Moartea sa ridică însă multe semne de întrebare.

**Nicolae Vlăsceanu** a fost infiltrat în Franța la începutul anilor '70, în urma unei operațiuni spectaculoase a spionajului de la București, dar are la activ și multe misiuni în țară. Ca de pildă, pătrunderea într-o ambasadă străină de la București, după un scenariu precum în filme, ca să fotocopieze documente pe care Departamentul de

Informații Externe le credea de maximă importanță. Vlăsceanu nu este numele său real, pe care mi-a cerut să nu-l divulg, ci unul dintre cele conspirative, purtate ca ofițer al Securității. În urmă cu trei ani, Vlăsceanu mi-a promis solemn că o să-mi vorbească pe larg despre peripețiile vieții de spion, ca să le public într-o carte. Am deja și un titlu: „Memoriile unui spion" și aștept cu interes momentul. Până acum, am reușit să smulg de la el, cu mare greutate, doar trei povești. Două dintre ele se regăsesc în această carte.

## 01

ÎI ARANJA VIZITELE LUI CEAUŞESCU LA MARILE
CANCELARII ŞI SE IUBEA CU NEVESTELE SPIONILOR
DIN AMBASADE

În 2009, Ion Nuică, consulul României la Chişinău, a
fost filmat în timp ce se zbenguia într-o cameră de hotel cu o
junã din Republica Moldova, goală ca şi el, dezinhibată, dar
mult mai suplă. Imaginile apărute şi în presă, prin bunăvoin-
ţa serviciilor secrete din Republica Moldova, declanşează un
scandalul de pomină care zguduie Ministerul de Externe de
la Bucureşti. Ziariştii şi-au amintit atunci şi de ambasadoarea
Manuela Vulpe, femeia care depăna amintiri, pe e-mail, după
o baie în jacuzzi, ocupată în acelaşi timp de ea şi de Teodor
Baconschi – ulterior ministru de externe.
     Se ştie însă mai puţin faptul că protagoniştii întâmplări-
lor de mai sus au avut predecesori cu palmaresuri de invidiat.
Unul dintre aceştia a fost Vasile Pungan. Pe lângă el, Nuică
este doar un biet copil.
     Pungan, şeful consilierilor lui Ceauşescu, ambasador şi mi-
nistru, cel care aranja vizitele lui Ceauşescu în marile cancelarii
ale lumii, dar şi demnitarul se şi culca, de-a valma, cu nevestele
spionilor români din rezidenţele aflate în marile metropole. Cul-
mea, soţii încornoraţi ţineau cu dinţii de postul din străinătate,
în pofida onoarei de familist. Ba chiar îi organizau petreceri cu

surprize amantului focos. Poate că Vasile Pungan i se va atribui și un rol important în rândul eminențelor cenușii ale comunismului românesc, dar verdictul îl vor da istoricii.

Cert este că el a fost unul dintre oamenii de încredere ai lui Ceaușescu, retras, fără valuri, sub protecția celor care au preluat puterea după 1989.

Din 1971 până în 1976, la pupitrul rezidența de spionaj de la Londra stătea Vasile Tilincă. Omul bea din când în când. Însă nu acest aspect îi intriga pe agenții acoperiți din Anglia ori pe șefii Centralei de la București, cât faptul că Tilincă avea o relație excelentă cu ambasadorul Vasile Pungan, care, la rândul său, întreținea o relație, să-i zicem fierbinte, cu soția celui care conducea rezidența de spionaj de la Londra. Relația a fost și de durată pot spune, bazându-mă pe faptul că respectiva consoartă s-a întâlnit cu ambasadorul, ani buni, și în țară. Așa că șefii spionajului românesc de atunci, Nicolae Doicaru și Ion Mihai Pacepa, n-au scăpat prilejul să ordone „plantarea" de microfoane în casele conspirative ale Departamentului de Informații Externe de la București–acolo unde doamna Tilincă și Pungan petreceau clipe de neuitat, ca și în locuința doamnei, pe care o împărțea cu Vasile Tilincă, atunci când cel din urmă nu se afla în misiune. În acest timp, Pacepa păstra aparențele, oferindu-i în continuare ambasadorului, un tovarăș foarte influent, tot felul de cadouri. Însă, la rigoare, în funcție de interese, putea schimba foaia și... pac la Războiu'!

Într-o notă strict secretă a Securității din 20 august 1979, publicată de Consiliul Național pentru Studierea Arhivelor Securității (CNSAS), care cenzurează însă tocmai pasajele cu momente fierbinți, stă scris: „În rapoartele altor cadre, cum sunt: Dumitru Vasile, Toma Ion, Silinescu Constantin, se menționează că tovarășul Vasile Pungan a întreținut relații intime cu mai multe femei, atât în perioada când a fost ambasador în Anglia, cât și după aceea, soții ale cadrelor aflate la post și altele, fapte cunoscute și comentate de lucrătorii ambasadei, de familiile acestora și de alte cadre. De exemplu, Tilincă Vasile, consilier, şi soţia sa nu făceau un secret că erau «protejaţii» tovarăşului Vasile Pungan, care le-ar fi propus funcţii în aparatul central... (text cenzurat). Silinescu Constantin raportează că despre aceste relaţii cunoştea şi Tilincă Vasile, deoarece îşi instruia soţia că la sosirea în ţară să-l caute pe tovarăşul Vasile Pungan pentru a-i oferi diverse cadouri".

Faptul că Pungan primea „cadourile", în timp ce se afla în concediu, chiar în casele conspirative ale Securităţii ori în locuinţa soţilor Tilincă reiese atât din documentele studiate de Mihai Pelin la mijlocul anilor '90, cât şi din nota C/1595 din 20 august 1979, publicată în 2009 de CNSAS.

„De asemenea – arată respectiva notă –, în perioada în care a fost ambasador la Londra, tovarăşul Vasile Pungan a întreţinut relaţii... (text cenzurat), fapt ce a creat disensiune, atât în familia Radu, cât şi între şofer şi ambasador. Manolescu Vasile, făcând referire la faptul că trădătorul Pacepa Mihai cunoaşte relaţiile... (text cenzurat) şi deţine unele înregistrări pe benzi magnetice – făcute prin mijloace speciale la locuinţa familiei Tilincă, presupune că trădătorul ar putea oferi aceste date unor servicii de spionaj străine spre a fi folosite împotriva tovarăşului Vasile Pungan sau păstrate în vederea utilizării lor ulterioare".

Straniu! Pentru Securitate nu era important faptul că Pungan se combina cu nevestele spionilor de la Londra, producând tensiuni majore în sânul uneia dintre cele mai importante rezidenţe de spionaj ale Bucureştiului, cu consecinţe greu de anticipat. Mult mai arzător, el ar fi putut fi şantajat de către generalul Pacepa, pe baza informaţiilor oferite occidentalilor, după ce a defectat în 1978.

Cornel Burtică, fost ministru al comerţului exterior, fost preşedinte al Uniunii Studenţilor Comunişti, fost ambasador în Italia şi în Maroc, a ridicat întrucâtva vălul în ce-l priveşte pe misteriosul Pungan. „Apoi – susţinea Burtică – a venit Pungan (la minister – n.m.), care fusese colonel şi cred că mai era ofițer de securitate. Acest Pungan a deschis larg porțile intrării securiștilor în Comerțul Exterior și a colaborat la înființarea de întreprinderi ale Securității."

Prețioasă mărturie, dar cu o mare doză de ipocrizie. Afirmația lui Burtică dă impresia că, de fapt, Securitatea conducea comerțul exterior. Greșit. Securitatea punea în practică indicațiile Partidului Comunist Român legate de comerțul exterior, ceea ce era cu totul altceva (Partidul Comunist Român – PCR – a fost singurul partid politic oficial din România între 1947 și 1989, „forța politică conducătoare a întregii societăți", așa cum era numit în Constituție).

De numele lui Pungan sunt legate multe vizite importante ale liderului de la București în străinătate care, se pare, au fost bine organizate. Mă refer în mod special la vizita din Marea Britanie, unde Ceaușescu a fost primit de Regina Elisabeta, ori la cea din SUA, atunci când președintele Carter l-a tratat pe „Geniul din Carpați" (așa era numit Ceaușescu de propaganda vremii) ca pe un adevărat prieten.

Așa că, după fuga lui Pacepa, Pungan a rămas tot în eșalonul superior al partidului, în ciuda rapoartelor defavorabile ale Securității. Altceva este însă cu totul necunoscut: consecințele aventurile amoroase ale lui Pungan cu nevestele agenților români asupra rezidenței de spionaj de la Londra.

Cert e că Pungan disprețuia cutumele oricărui serviciu secret. Altfel, n-ar fi pus în pericol prin comportamentul său infantil – cel puțin asta reiese din documentele Securității – o întreagă rezidență de spionaj, fiind convins că totul i se cuvine, chiar și nevestele spionilor din subordine.

După ce a părăsit postul de ambasador în Marea Britanie, Pungan a devenit nostalgic. Așa că, în 1976, descinde la Londra, „pentru o gură de aer proaspăt" împreună cu Ștefan Andrei, pe atunci secretar al Comitetului Central al PCR cu probleme internaționale, și cu Vasile Șandru, director în Ministerul Afacerilor Externe.

Cred că bănuiți, însuși Vasile Tilincă, șeful rezidenței de spionaj, a organizat un chef de pomină în cinstea reîntoarcerii lui Pungan, amantul soției sale. Dar și Traian Pascu, ofițer de contrainformații la ambasadă, a stat cu ochii în patru, raportând în țară: pipăieli pe sub masă, ciupeli posterior doamne, scăpat mâna prin decolteuri, șoapte înfierbântate de alcool. ș.a.m.d. Însă Pungan și amicii veniți de la București s-au purtat până la urmă ca niște gentlemeni. Doar se aflau la Londra, nu? Așa că, dimineața n-au convocat o ședința de partid în care să le critice pe tovarășele soții din ambasadă de comportament imoral pe parcursul petrecerii care tocmai avusese loc.

## 02

## Cabinetul ministerial, cuibuşorul de nebunii al complotistului

L-a ajutat pe Ceauşescu să scape de rivali puternici, însă a luat parte şi la conjuraţia care avea drept scop înlăturarea conducătorului României. În timp ce Securitatea îi număra femeile introduse de aghiotanţi pe uşa din dos a biroului de la minister, complotiştii mizau pe faptul că el, cel care înlesnea legătura cu Occidentul, va ocupa locul dictatorului. Numele: Vasile Patilineţ, ani de zile mâna dreaptă a lui Ceauşescu, mort în condiţii încă neelucidate într-un accident de maşină în Turcia, ţară în care era ambasador. După ce l-a slujit cu credinţă pe Ceauşescu, Patilineţ a încercat să-l înlăture printr-o lovitură de stat.

La sfârşitul anilor '70, după fuga lui Pacepa. Ceauşescu devenise din ce în ce mai suspicios. A ordonat Securităţii ca toţi oamenii săi de încredere să fie verificaţi la sânge, mai ales cei apropiaţi şi generalului. Dezertarea spionului preferat îi zdruncinase încrederea chiar şi în demnitarii cei mai supuşi. Aşadar, şi Vasile Patilineţ. pe atunci unul dintre stâlpii puterii comuniste, se afla sub lupă, chiar dacă ocupase funcţii înalte: deputat MAN, membru al Comitetului Central al Partidul Muncitoresc Român (PMR), ulterior Partidul Comunist Român, responsabil cu Securitatea, ministru în două guverne, alături de Ceaușescu încă dinainte ca cel din urmă să devină conducătorul României.

O notă a Securității din 31 august 1979 relevă faptul că lui Patilineț, ministrul minelor, petrolului și geologiei, i se cunoștea fiecare mișcare. Chiar și faptul că Petre Maxim, șeful de cabinet al demnitarului, se comporta, cel puțin în opinia Securității, ca un veritabil proxenet. În documentul mai sus amintit, aflat în arhiva Consiliul Național pentru Studierea Arhivelor fostei Securități se poate citi: „Vasile Patilineț intră direct din cabinet în sala de colegiu, nemaifolosind ușa principală, așa cum s-a procedat până la venirea sa în acest minister. Prin ușa principală de la sala de colegiu, Maxim Petre a fost văzut cum introduce diferite femei în această încăpere și apoi închide ușa. Atât femeile respective, cât și tovarășul Vasile Patilineț nu circulau prin ușa principală a cabinetului, spre a nu fi văzuți de secretară sau de personalul muncitor. Au mai fost introduse în această cameră de Maxim Petre următoarele femei:... (nume cenzurate de CNSAS)".

Același document mai arată: „Se comentează (în minister - n.m.) că, la Petroșani – Hunedoara, tovarășul Patilineț are amenajată o vilă pe care o folosește singur, unde se duce cu femei, vilă pentru care combinatul minier Valea Jiului a cheltuit circa un milion de lei cu reparațiile și mobilarea".

O altă notă, de fapt o completare a celei din 31 august 1979, consemnează: „Dollinger Leona, translatoare de limbă engleză la ISCE GEOMIN, pe care, cu ocazia recepției la Athénée Palace, tov. Vasile Patilineț a tratat-o cu intimitate, fiind dezaprobat de cei care l-au văzut, atât români, cât și străini... (text cenzurat de CNSAS)". Elena Borcea, sărutată de Patilineț în cabinetul său, ca și Steliana Nedeluşe au fost însă încântate de manierele lui Patilineț, cât și de faptul că-i un șef „curtenitor".

Nota Securității de la sfârșitul lui august 1979 conține și numele altor femei, dar nu are nici o valoare din punct de vedere informativ. Securitatea părea o poliție politică primitivă care, chiar și atunci când investiga un caz arzător pentru regim – fuga lui Pacepa – se baza pe zvonuri. Drept dovadă, notele despre Patilineț, bun prieten cu fugarul, abundă de pasaje de-a dreptul ridicole. Aflăm, de pildă, că securiștii căutau prin camerele ministerului aparatură de radio-recepție, folosită de Patilineț și aghiotantul său pentru a comunica atunci când demnitarul nu se afla în sediu, însă au găsit doar „schiuri pentru alunecat pe apă și pe zăpadă". Mai grav, infailibila Securitate bâjbâia și atunci când era vorba despre biografia completă a demnitarului, altfel ofițerii de informații n-ar fi pus pe hârtie: „Unele persoane din cadrul ministerului afirmă că (*Patilineț – n.m.*) ar fi de origine poloneză și că s-a stabilit în România în 1939". Așadar, Ceaușescu a aflat că sfetnicul său face sex chiar în biroul de la minister, că apreciază băuturile fine și cadourile costisitoare ori că este implicat în traficul cu blănuri de urs în Germania. Însă liderul comunist nu dădea doi bani pe asemenea informații. Și asta pentru că Vasile Patilineț i-a fost aliat în războaie grele cu adversarii din partidul, precum cel cu Alexandru Drăghici, rival al lui Ceaușescu, totodată piesă importantă în angrenajul puterii comuniste. Înlăturarea lui Drăghici (ministru de interne între 1957-1965, implicat în asasinarea deținuților politici, dar și a unor comuniști importanți, căzuți în dizgrație) de către Ceaușescu, abia ajuns la cârma României, reprezintă un moment în care cel din urmă și-a consolidat puterea. Nu insist – povestea este cunoscută. Important este însă că ancheta împotriva torționarului Drăghici, coordonată de către Vasile Patilineț, urmărea, de fapt, doar discreditarea ministrului de interne și a lui Gheorghiu-Dej, fostul lider comunist al României, mort în 1965, nu aflarea adevărului despre crime abominabile săvârșite imediat după instalarea regimul comunist.

Omul căruia Securitatea îi urmărea amantele până la ușa biroului de la minister a jucat un rol foarte important și înainte ca Nicolae Ceaușescu să ia putere. De pildă, cu un an înaintea morții lui Gheorghiu-Dej, Patilineț a primit sarcină foarte importantă: mai mulţi comunişti români apropiaţi Moscovei, implicit serviciilor secrete sovietice, trebuiau convinşi să o lase mai moale cu spionajul. Conform mărturisirilor lui Ion Stănescu, fost preşedinte al Consiliului Securităţii Statului în perioada 1968–1972, despre listă care cuprinde 160 de „tovarăşi de nădejde" ştiau – în afară de Gheorghiu-Dej şi Stănescu – Drăghici, Ceauşescu şi Patilineţ, pe atunci şef al secţiei militare a CC a PCR. Stănescu a purtat discuţii cu 90 dintre tovarăşii apropiaţi Moscovei, cărora le-a atras atenţia că activitatea lor e cunoscută la cel mai înalt nivel, iar Patilineţ cu ceilalţi 70. Tot Ion Stănescu cataloga drept un succes misiunea încredinţată de către Gheorghiu-Dej. Cei vizaţi ar fi hotărât să înceteze colaborarea cu sovieticii, ba chiar unii dintre ei au mai deconspirat încă vreo 40 de nume.

Nu toţi îl iubeau pe Patilineţ precum femeile din minister. De pildă, marele fotbalist Alexandru Boc, închis în anii '70 pentru că a bătut un ofiţer de securitate, mărturisea că ministrul i-a făcut viaţa grea în puşcărie. Boc crede că Patilineţ s-ar fi răzbunat pentru că fotbalistul a avut o relaţie de amor cu nevasta sa, dar nu pare sigur că, într-adevăr, aşa au stat lucrurile, motiv pentru care a şi declarat: „Nu ştiu dacă a fost aşa, eram un bărbat singur atunci, am avut multe femei, e posibil să fi fost şi soţia lui". Poate că aventura soţiei lui Patilineţ cu Alexandru Boc a fost o lovitură pentru înaltul activist de partid, dar un alt moment l-a marcat cu adevărat. Este vorba despre moartea fiicei sale, Amalia, în urma unui întreruperi de sarcină în condiţii empirice. Peste ani, Alexandru Bârlădeanu, figură importantă a nomenclaturii comuniste, declara că moartea tinerei ar fi fost pedeapsa lui Dumnezeu pentru că i-a cântat în strună lui Ceauşescu, susţinând în Comitetul Politic Executiv interzicerea avortului – o lege de-a dreptul criminală care a făcut ravagii printre femeile din România. Decesul Amaliei ar fi fost şi momentul în care Patilineţ a început să-l urască de moarte pe Ceauşescu.

Cu cinci ani înainte ca Nicolae Ceauşescu să ajungă cu spatele la zid, Patilineţ moare într-un accident de maşină în Turcia, ţară în care era ambasador, ducând în mormânt multe secrete. Nu există încă dovezi că a fost ucis la ordinul liderului de la Bucureşti pentru că era amestecat în conjuraţie. Există însă informaţii certe că, la jumătatea anilor '80, Patilineţ a fost desemnat succesor de către cei care doreau îndepărtarea de la putere a lui Nicolae Ceauşescu.

La începutul anilor '90, foşti lideri comunişti, printre care şi Ion Iliescu, au vorbit despre moartea stranie a lui Patilineţ, fără să ofere prea multe amănunte. Iar Gheorghe Apostol, pretendent la conducerea României după moartea lui Gheorghiu-Dej, declara că accidentul de maşină din Turcia în care şi-a pierdut viaţa ambasadorul, s-a petrecut după că i s-a pus un drog într-un pahar de whisky.

Despre Patilineţ ştim încă foarte puţin, iar una dintre mărturiile importante legate de el aparţine comandorului Nicolae Radu.

În toamna anului 1984, ca şi Patilineţ, comandorul făcea parte din gruparea formată din militari şi civili care punea la cale înlăturarea lui Ceauşescu. Conform lui Radu – audiat de o comisia senatorială în 1995 în legătură cu evenimentele din decembrie 1989 –, operaţiunea ar fi fost foarte bine organizată. Conducătorul României şi soţia sa urmau să fie arestaţi şi încarceraţi la Bistriţa-Năsăud, cu complicitatea primului secretar al judeţului – după sosirea dintr-o vizită în Germania. Un personaj foarte important în acest joc a şi fost ambasadorul din Turcia, care avea sarcina să procure arme pentru complotişti. Numai că Ceauşescu, informat despre intenţia celor care doreau să-l răstoarne, s-a întors val-vârtej la Bucureşti, scurtând drastic deplasarea. Acesta a fost motivul pentru care operaţiunea a căzut, susţinea comandorul.

„Eu – susţinea Nicolae Radu în faţa comisiei care dorea să facă lumină în legătură cu evenimentele din decembrie 1989 – vă spun foarte calificat, dacă credeţi, să se deschidă coşciugul lui Patilineț, să vedeți plumbul în cap! Iar mie – când am fost arestat – mi-a spus generalul Vasile Gheorghe, cel care era șeful Direcției a IV-a (*a Securității - n.m.*): «Ce faci, domnule, pe grozavul? L-am terminat noi pe Patilineț, dar pe tine!»".

## 03

## «EȘTI SECURIST!», I-A SPUS PREOTUL BISERICII ORTODOXE DIN PARIS

Este greu să convingi un fost spion să vorbească despre trecutul său. Iar atunci când reușești, îl crezi. Cel puțin până la proba contrară. Mai ales dacă-ți vorbește despre întâmplări care nu-s consemnate în dosarele desecretizate. Povestea de mai jos nu-i amplă, așa cum doream s-o scriu după ce omul pe care-l aveam în față a început să-mi povestească despre misiunea sa de la Paris.

Nicolae Vlăsceanu, doar unul dintre numele sale de dinainte de 1989. În anii '70, a spionat pentru Centrala de la București, până la fuga lui Pacepa. Cea mai importantă misiune a desfășurat-o în Franța, după ce DIE i-a „confecționat" legenda unui etnic francez născut în România.

Vasile Boldeanu, preot al Bisericii Ortodoxe Române din Paris, s-a numărat printre primii români contactați de către Vlăsceanu, odată ajuns la Paris. Numai că întâlnirea a decurs prost. După ce l-a privit în ochi, i-a spus: „Ești securist, ai venit în Franța să ne spionezi". Pe moment, Vlăsceanu n-a avut replică. Își aduce aminte cum l-au trecut fiori reci. Tot încerca să spună ceva legat de faptul că, dimpotrivă, a fugit din lagărul comunist din cauza persecuțiilor politice la care era supus, însă toată acoperirea sa s-a năruit în doar câteva secunde. Ce-a gândit cu adevărat Boldeanu atunci, de ce l-a numit „securist" pe Vlăsceanu imediat după ce l-a privit câteva momente, rămâne şi acum un mister pentru fostul spion.

Poate că mulţi dintre confraţii din presă ar fi dezvoltat episodul din biserică şi s-ar fi lansat în tot felul de aprecieri mistice legate de inspiraţia preotului. Poate că aici este miezul întregii poveşti, iar eu l-am ratat. Aşa că încerc să împac şi capra, şi varza, spunând doar: coincidenţa este unul dintre modurile în care Dumnezeu rămâne anonim.

Cert este că ghinionul s-a ţinut scai de Vlăsceanu. Din cauza stresului la care îl supunea misiunea, a uitat sistemul de comunicare cu Centrala – pur şi simplu i s-a şters din memorie. Cu greu, după un drum în Austria, unde a intrat într-un joc periculos, pe muchie de cuţit, riscând deconspirarea, reuşeşte să restabilească contactul cu şefii de la Bucureşti.

Nu doar preotul îl suspecta pe Vlăsceanu, ci şi contraspionajul francez. Transfugul din România, de „origine franceză", cel care evadase din lagărul socialist ca să se întoarcă în patria-mamă, aşa după cum încercase să-l convingă şi pe Boldeanu, era supus unui atent filaj. De regulă, DST (serviciul secret francez) folosea bărbaţi de origine magrebiană, care jucau rolul unor pierde-vară. Însă agentele contraspionajului chiar îi făceau viaţa amară. Femeile se schimbau de haine în maşină ori în diverse magazine, iar dacă îşi „ataşau" şi o perucă, cu greu le descoperea. Dar uneori şi ele o mai dădeau în bară – schimbau ţinuta, dar nu şi pantofii.

Acum, Vlăsceanu vede lucrurile cu totul altfel decât în anii '70. E aproape sigur că francezii ştiau ce hram purta, iar după ce s-a stabilit la Paris, l-au ţinut sub un relativ control. DST nu dorea să-l neutralizeze, ci, mai degrabă, să-l „intoxice". Despre modul în care a fost tras pe sfoară şi-a dat seama abia după ce s-a întors în ţară, dar altceva îl roade şi acum: l-a deconspirat Pacepa în 1978 ori nu? Adjunctul spionajului românesc îi cunoştea identitatea reală, gradul ş.a.m.d., ca şi legenda sa, țesută cu multă migală de Securitate pentru a-l plasa în siguranță la Paris. De altfel, generalul Ion Mihai Pacepa coordona atunci UM 0912/U din cadrul Departamentului de Informații Externe, unitatea în sarcina căreia cădea pregătirea spionilor fără acoperire diplomatică, cum era cazul lui Vlăsceanu.

Fuga lui Pacepa din vara anului 1978 l-a prins pe picior greșit pe spionul infiltrat la Paris. Inițial, a vrut să ignore ordinul care-i cerea să revină în țară. Avea unde să se retragă, cel puțin până se linișteau apele. După cum mărturisește el: în brațele unei femei frumoase și bogate pe care o racolase. Însă, nici acum nu știe de ce, s-a decis să se întoarcă la București. Și azi regretă hotărârea luată atunci. Odată intrat pe ușa Centralei din strada Batiștei, „francezul" n-a mai ieșit de acolo săptămâni întregi. Anchetatorii încercau să verifice dacă, de la o zi la alta, relatările sale nu cumva se contrazic. Apoi, a fost supus unor interogatorii extrem de dure alături de alți agenți ai Securității retrași după fuga generalului. Culmea, era bănuit că știa de intenția lui Pacepa de a dezerta ori că i-a fost complice lui Pacepa.

Imediat după 1990, Vlăsceanu a dorit să se întoarcă la Paris, ca turist. Însă, pe atunci românii nu intrau în Franța fără viză. Viceconsulul Franței la București, o femeie, l-a întrebat – uitându-se cu insistență în ochii săi – dacă a mai fost în Franța.

– Da, am fost, a răspuns Vlăsceanu.

Teoretic, el nu călcase niciodată pe teritoriul acestei țări.

– Nu în Franța ați învățat limba franceză, a mai adăugat femeia, sigură pe ea.

– Nu în Franța, adevărat, cum nici dumneavoastră n-ați învățat româna în vreun minister, ci în cu totul altă parte.

Cu certitudine a fost mai inspirat decât în fața preotului Boldeanu. Dacă nega, nu mai călca la Paris o lungă perioadă.

În '90, Războiul Rece nu se sfârșise.

## 04

## SPIONII BUCLUCAŞI: FUSTANGII, BEŢIVI, SCANDALAGII

Rupt de beat, nu găsea cheile maşinii în buzunare şi nici nu-şi putea aduce aminte pe unde le lăsase. Aşa că a spart parbrizul. N-a apucat să se urce bine la volan fiindcă l-a reţinut poliţia. Omul nu era un oarecare, ci ditamai maiorul aflat în misiune de spionaj la New York.

De-a lungul timpului, mai mulţi ofiţeri din Departamentul de Informaţii Externe au fost îndepărtaţi din serviciu pentru relaţii extraconjugale, beţii repetate, afaceri oneroase. De regulă, şefii cei mari căutau vinovaţi de serviciu după dezertarea unor agenţi secreţi importanţi – moment în care izbucnea scandalul, urmat de anchete interminabile. Între agenţii secreţi pe care-i vedeţi în filme şi cei reali nu prea sunt asemănări.

Un document din 1978 arată peripeţiile unui spion cu misiune în SUA. Printre alte calităţi, omul avea „darul beţiei". Pur şi simplu nu se putea abţine. După un chef prelungit la New York, pricinuit de întâlnirea cu o sursă, credea el foarte importantă, maiorul a pierdut cheile maşinii. Nervos, spulberă un geamul portierei ca să poată pătrunde în automobil. Era sigur că va porni maşina cu două fire, ca în filme. Colac peste pupăză, a fost şi reţinut de poliţie. Trezit din beţie, spionul explică că nu-i hoţ, pentru că automobilul îi aparţine. Fireşte, a fost eliberat. Însă, nu după mult timp, de data aceasta la Washington, maiorul nostru s-a îmbătat din nou, ajungând tot fără mașină la reziden-ță. „Nu-și mai amintea unde o parcase", arată documentul Securității. Conform dosarului întocmit după fuga lui Pacepa, generalul Aurel Florea a fost un alt spion bun prieten cu paharul. Însă nu el – fost șef al rezidenței de spionaj din Washington, cu misiuni și în Marea Britanie – ridica mari problemă, ci soția sa. Doamnei – dezvăluie documentele din arhive – „îi plăcea (*băutura* – *n.m.)* și mai mult (*decât soțului* – *n.m.),* prăbușindu-se des în stări profunde de ebrietate și cutreierând ambasada în ținută sumară în căutarea unui partener de discuții". De mai multe ori i-a apărut în cale chiar ambasadorul Nicolae M. Nicolae, colonel în DIE, care însă n-a apreciat dorința ei de „socializare". În consecință, ambasadorul l-a atenționat chiar pe Nicolae Doicaru, șeful spionajului de la *acea* vreme, că este hărțuit de această femeie.

Un fost ofițer al Departamentului de Informații Externe mi-a mărturisit că nu cunoaște ca vreun homosexual să fi fost expulzat din serviciu, dar au fost mai mulți bănuiți. Însă, spunea interlocutorul meu, mereu se punea batista pe țambal, mai ales că, înainte de 1989, o persoană dovedită cu o astfel de orientare sexuală putea ajungea și la pușcărie. Depinde însă cine era cel care întreținea relații homosexuale și, mai ales, de ce. De pildă, s-a spus că generalul Mihai Caraman, omul care a spionat Alianța Nord-Atlantică, a acceptat o relație cu un bărbat pentru a obține informații secrete. Așadar, pentru cauză era permis. Ce i-a iritat însă pe cei care încercau să descurce ițele spionajului românesc după fuga lui Pacepa? Ei bine, nu atât eșecurile spionului Caraman sau o posibilă relație cu un bărbat, cât faptul că era: „Afemeiat, imoral, cunoscut în Departamentul de Informații Externe pentru relațiile intime pe care le-a avut cu diferite soții ale colegilor aflați la post împreună cu el în străinătate". Cel puțin așa scrie într-o fișă care-l privea pe Caraman, datată 22 iunie 1978.

Un alt episod straniu este legat de Constantin Iosif. La începutul anilor '60, spionajul i-a făcut un instructaj sumar şi l-a trimis în Franţa. N-a reuşit să culeagă informaţii, însă a devenit cunoscut în multe bistrouri pariziene. Şi asta pentru că „tulbura liniştea publică". Ilar este faptul că poliţiştii francezi îl aveau în evidenţă drept scandalagiu, nu spion. Una dintre „performanţele" lui Iosif: s-a deconspirat chiar şi în faţa administratorului ambasadei. În pofida comportamentului său, omul a fost promovat în continuare. Gurile rele din DIE afirmau că Nicolae Doicaru, şeful spionajului la acea vreme, ar fi avut o relaţie „foarte strânsă" cu soţia lui Iosif.

Constantin Căruntu, un alt agent dandana. În anii '70, cumula două funcţii: ambasador în Kuweit şi şef al rezidenţei de spionaj. Conform documentelor Securităţii, Căruntu era sclavul alcoolului. Atunci când „o lua pe ulei", transmitea membrilor reţelei din Emirate ordine în clar, atât prin telex, cât şi prin telefon. Paradoxal, se pare că serviciile adverse, care interceptau convorbirile lui Căruntu, erau convinse atunci că românii încearcă să „intoxice". Comportamentul ambasadorului, îngâmfat şi fustangiu, cu ochii pe soţiile membrilor personalului diplomatic, a generat nervozitate şi indignare în rândul subalternilor. Uneori, nemulţumirea acestora a fost intuită de ambasador, care se lăuda că el dă explicaţii doar lui Doicaru, şeful spionajului de la Bucureşti, ori lui Ştefan Andrei, responsabil cu relaţiile externe al CC al PCR, fiindcă este general de Securitate. Cert e că omul avea relaţii sus-puse, iar Centrala de la Bucureşti n-a luat măsuri împotriva sa nici măcar atunci când şi-a deconspirat subalternii.

Începând din toamna anului 1971 şi până la dezertarea generalului Ion Mihai Pacepa, în 1978, din Direcţia de Informaţii Externe au fost daţi afară în jur de 40 de ofiţeri pentru „descompunere morală". Adică, relaţii extraconjugale, beţii, corupţie ş.a.m.d.

## 05

## COMBINA MUZICALĂ A LUI DEM RĂDULESCU, O CHESTIUNE DE SIGURANȚĂ NAȚIONALĂ

Marele actor Dem Rădulescu nu era nici pe departe un duşman al regimului comunist. Însă a generat o problemă de siguranță națională după ce a cumpărat din Germania Federală ditamai combina muzicală în valoare de 6.000 de mărci, sumă considerabilă la acea vreme.

Septembrie 1979. Înaintea unui turneu în Ungaria şi în Berlinul Occidental, Securitatea internă a convocat colectivul Teatrului „Lucia Sturdza Bulandra" pentru o şedință de „pregătire contrainformativă". Pe scurt, actorilor le era interzis să intre în legătură cu străinii întâlniți la Berlin, cu ziariştii occidentali, dar mai ales cu redactorii postului de radio Europa Liberă, considerat de regimul comunist: „duşmănos". Nu toți dintre cei „prelucrați informativ" au respectat indicația poliției politice. După cum scria chiar un ofițer de securitate într-o notă, atitudinea unor actori a fost „de prietenie şi amabilitate" față de Nöel Bernard şi Ioana Măgură de la „Europa Liberă". Este vorba despre Victor Rebengiuc, Dan Jitianu, Marin Moraru, Florian Pitiş, Ion Caramitru, Dan Nuțu, Octavian Cotescu.

Greu de lămurit şi acum ce a vrut să transmită respectivul ofițer superiorilor. Oare cum ar fi vrut el să se comporte aceşti oameni, atunci când, după spectacol, au fost felicitați de către

Nöel Bernard, directorul secției române a postului de radio „Europa Liberă"? Cert e că ofițerii de la București nu păreau prea iritați de schimbul de amabilități dintre actori și cu directorul de la radio Europa Liberă, cel puțin asta reiese tot dintr-o notă a Securității. Paradoxal, altceva îi interesa. Serviciul secret era preocupat de goana actorilor după cumpărături. Poate că nu vă vine să credeți, dar agenții Securității au monitorizat târguielile făcute de către Gina Patrichi, Dem Rădulescu, Octavian Cotescu, Marius Pepino. Nu întâlnirea actorilor cu directorul E.L. a fost chestiune arzătoare din raport – cum ar fi fost normal pentru o instituție care avea drept menire urmărirea celor considerați dușmani ai regimului comunist de la București ori a celor care intră în legătură cu adversarii regimului comunist. Mult mai important pentru poliția politică părea modul în care artiștii de la „Bulandra" au făcut rost de bani pentru târguieli, de regulă de la românii stabiliți în Occident.

Dar iată ce scria Securitatea: „Ceea ce a caracterizat însă comportarea actorilor în Berlinul Occidental a fost, în primul rând, goana după relații, în vederea obținerii de bani pentru cumpărarea diferitelor obiecte. Astfel, unele persoane care vorbeau limba română din Berlinul Occidental veneau la hotel pentru a-i căuta și invita la masă...". Tot la Berlin, consemna Securitatea, cea mai valoroasă „captură" a făcut-o actorul Dem Rădulescu, poreclit „Bibanul". El a cumpărat dintr-un magazin de produse electronice o combină muzicală în valoare de 6.000 de mărci, chiar dacă diurna nu depășea 200 de mărci, cum observau agenții Securității – care tratau chestiunea precum un atentat la siguranța națională. Apoi, tot prin grija lor, aparatul a fost confiscat la vama românească, până la achitarea taxei de 4.000 de lei, o sumă foarte mare pentru acele vremuri. Numai că „Bibanul" n-a fost nici o clipă intimidat de tratamentul la care a fost supus și nici nu i-a trecut prin minte să achite taxa. Avea cu totul alt plan. Chiar a doua zi, actorul s-a dat peste cap și, folosindu-se de relații înalte la vârful partidului comunist, a obținut o adeverință pentru vamă din care reieșea că adevăratul beneficiar al combinei muzicale ar fi fost, chipurile, Teatrul „Lucia Sturdza Bulandra".

Securitatea știa cu precizie actorul Marius Pepino ar fi încercat să ascundă mai multe piese auto în lăzile cu decoruri. Însă, referirea la actrița Mihaela Marinescu e de tot hazul. De ce a adus ea în țară obiecte care au depășit valoarea diurnei? Pentru că, spuneau vigilenții ofițeri ai Securității, „a întreținut relații cu unele persoane străine". Ar fi bine ca imaginația să nu v-o ia razna. Femeia n-a sedus pe cineva anume la Berlin. În limbajul Securității, a întreține relații cu străinii însemna orice fel de contact al unui cetățean român cu o persoană de peste graniță. Dacă stăteai de vorbă cu un om care nu locuia în România, însemna că întreții „relații cu străinii". În cazul în care primeai și valută de la cineva stabilit în străinătate, mai ales pe teritoriul României, era o aproape crimă.

Actorii de la „Bulandra" au fost supravegheați pas cu pas în turneul din Ungaria și Berlinul Occidental și de către informatorii din teatru. Altfel, în raportul pe care-l discutăm, n-ar fi fost referiri la bancurile politice spuse la cabine. „De reținut – scrie în nota Securității – este atitudinea permanentă de sfidare și de comparare a nivelului de trai din țara noastră cu cel din Occident și glumele răutăcioase la adresa regimului din țara noastră pe care le-au făcut o serie de actori." Însă nu bancurile cu Ceaușescu deranjau cel mai tare poliția politică. Și nici faptul că viața din lagărul socialist era comparată cu cea din Occident. Altceva a pus pe jar Securitate: o acțiune de protest a organizației „Amnesty Internațional", care a distribuit printre actorii români fluturași ce denunțau represiunea poliției politice din România la adresa lui Ion Neagu Vulcănescu, un român stabilit deja la Paris. Imediat au fost găsiți și vinovații: Ion Besoiu și David Stelian, din conducerea Teatrului „Bulandra", care „nu au manifestat interesul cuvenit pentru a interzice de la început această acțiune". O fi fost Besoiu omul partidului sau, cum arăta de curând CNSAS, informator al Securității, însă puteau el să interzică o acțiune organizată de „Amnesty Internațional" în Germania Federală? Ilar. Turneul din Berlinul Occidental a însemnat și o pierdere pentru teatrul și cinematografia românească de la acea vreme. Actorul Dan Nuțu nu s-a mai întors cu trupa la București. Ulterior, el a cerut azil politic în SUA. Atunci când încă nu se știa cu precizie ce intenții avea Dan Nuțu, Securitatea a catalogat acțiunea sa drept indisciplină. Tot la capitolul „indisciplina actorilor" au fost consemnate și aprecierile lui Liviu Ciulei. Acesta ar fi fost nemulțumit pentru că, deși venise din SUA la Berlin, nu a putut să facă repetițiile dorite – mulți dintre membrii trupei plecau prea des în oraș. Cumpărăturile, deh.

Nici chiar valoarea artistică a turneului n-a scăpat Securității. Raportul remarcă apăsat faptul că reprezentațiile din Berlinul Occidental n-ar fi avut succes. Multe spectacole s-au fi jucat în fața unui public puțin numeros. Chiar dacă sălile aveau 700-800 de locuri, la București se știa că la reprezentațiile trupei de la „Bulandra" nu se ocupaseră mai mult de 100, maximum 200 de scaune, motiv pentru care „au trebuit să intre în sală actorii și cei din personalul tehnic care erau liberi".

Nimic nu putea fi ascuns într-un turneu din străinătate. „Ochii și urechile poporului" vedeau și auzeau tot, apoi urmau rapoarte și note informative cu lux de amănunte. Însă, iată, Securitatea o lua razna, fascinată de traiectoria unei combine muzicale. Poate și pentru că, în acea vreme, o asemenea „sculă", raritate în România anilor '70, stârnea foarte multă invidie.

## 06

## INTERCEPTĂRI FIERBINŢI, DE INFARCT

Un document – semnat de locotenentul Sergiu Ioana –, ajuns în 1978 pe masa comisiei care ancheta dezertarea generalului Ion Mihai Pacepa, scoate la iveală un fapt aproape incredibil: Nicolae Doicaru, şeful Departamentului de Informaţii Externe, asculta înregistrări fierbinţi chiar cu fiica sa.

Prin 1976, spionajul românesc îl urmărea pe un anume Andrei Manoliu, ca să-l racoleze. Centrala de la Bucureşti spera să-l folosească pe Manoliu în Israel, unde tânărul intenţiona să emigreze. Înregistrările scot însă la iveală faptul că „obiectivul" era vizitat acasă de o anume Tamara. Acolo, Manoliu o antrena pe tânără în „discuţii neprincipiale" care vizau regimul politic din România, după ce întreţineau „relaţii anormale din punct de vedere sexual". Limbajul de lemn în care a fost întocmită nota locotenentului nu prea ne lasă să înţelegem ce cataloga el drept „relaţii anormale din punct de vedere sexual", însă, „decriptându-l", bănuiesc că era vorba despre o intromisiune nepotrivită în Epoca marilor împliniri. De întreaga operaţiune era interesat chiar Nicolae Doicaru, şeful spionajului, iar atunci când i-au fost raportate ultimele informaţii legate de urmărirea lui Manoliu, a cerut înregistrarea. Murea de curiozitate să savureze, cum mai făcuse şi cu alte ocazii, momentul în care cei urmăriţi fac sex, dar a rămas fără grai. Ba chiar s-a aflat în pragul unui infarct după ce a recunoscut pe banda magnetică vocea Tamarei, fiica sa.

De generalul Doicaru se temea până și Nicolae Ceaușescu. Șeful spionilor a fost membru al Frățiilor Legionare de Cruce în tinerețe, apoi pion de nădejde al Siguranței (Direcția Poliției și Siguranței Generale – dizolvată în 1948). Sub comuniști, a ocupat în condiții încă neelucidate suficient scaunul de șef al Direcției Ministerului de Interne Dobrogea. Din această poziție s-a remarcat prin impunerea unui regim deosebit de dur deținuților politici de la Canalul Dunăre–Marea Neagră. Mai mult, a trimis în fața plutonului de execuție oameni absolut nevinovați, acuzați, chipurile, de sabotaj. La începutul anilor '60, cel care avea să devină șeful spionilor participă, umăr la umăr cu Nicolae Ceaușescu, pe atunci înalt activist al partidului comunist, la o acțiune soldată cu uciderea unor țărani care se opuneau colectivizării forțate, iar povestea asta urâtă i-a legat pe viață.

În primăvara anului 1978, înainte de fuga generalului Ion Mihai Pacepa, adjunctul DIE, Doicaru, a fost schimbat de la conducerea spionajului românesc. I se pregătea altă misiune, la Ministerul Turismului, pe care trebuia să-l transforme într-o veritabilă agentură. Însă tot planul s-a prăbușit fiindcă a fugit Pacepa, iar Doicaru a fost nevoit să facă față unei anchete deosebit de dure legată de împrejurările în care s-a petrecut dezertarea adjunctului său. Nu-i i-a fost ușor. Chiar viața îi atârna de un fir de păr. Ceaușescu turba de furie și îl bănuia pe Doicaru de trădare.

Însă șeful spionilor a știut să gestioneze criza. Chiar în prima sa declarație sugera anchetatorilor că, la rigoare, va face anumite dezvăluiri. Șantajul, pe față, reiese clar din documentele din arhive: „Raportez – scria Doicaru pentru cei care investigau fuga lui Pacepa – că, în prezentul document, nu am făcut referiri la tovarășii secretari ai CC al PCR și nici la tovarășii membri sau membri supleanți ai Comitetului Politic Executiv". Mesajul era limpede: deocamdată, nu dezvăluia afaceri de corupție, de trafic de influență ori legăturile pe care le aveau în străinătate granzii partidului, însă o putea face oricând. Cert este că Doicaru a fost înțeles atât de către anchetatori cât, mai ales, de către capii partidului în frunte cu Ceaușescu. După fuga lui Pacepa, oricând puteau apărea documente compromițătoare despre secretarii Comitetului Central ori despre membrii Comitetului Politic Executiv al PCR în redacțiile marilor ziare occidentale, iar liderul comunist de la București nu-și mai putea permite un alt scandal la vârf.

Firește, mai rămâne o întrebare. Cum a tranșat Doicaru tărășenia legată de înregistrarea audio a partidei de amor dintre Tamara și Andrei Manoliu? Cum nu se putea mai bine: a măritat-o pe Tamara cu un înalt activist de partid.

## 07

# PACEPA, O PROSTITUATĂ FERICITĂ A SPIONAJULUI

L-am cunoscut în 2002, venise la Bucureşti după mulţi ani. Precum locotenentul Colombo, purta un trenci ieftin, iar la mână stângă un ceas mecanic de cinci dolari, pe care mi l-a arătat de mai multe ori, cu mândrie. Numele său: David Binder, ziarist, redutabil specialist în problemele Blocului Comunist, omul pe care Ceauşescu, deranjat de articolele pe care le transmitea în SUA, l-a expulzat de două ori din România. Însă, chiar dacă a fost declarat *persona non grata* la Bucureşti, n-a avut resentimente. Dimpotrivă, la sfârşitul anilor '80, scria în „The New York Times" deosebit de critic la adresa celui pe care Ceauşescu îl considera duşmanul său de moarte. Este vorba despre generalul Ion Mihai Pacepa.

Iată episodul care l-a pus cu adevărat în mare dificultate pe generalul defector.

Atunci când i s-a cerut să scrie un articol despre „Orizonturi Roşii", prima carte semnată de către Pacepa, tocmai apărută în SUA, David Binder a zâmbit. Apoi, şi-a zis în barbă: „Un bun prilej să-l fac praf pe Ceauşescu, după ce m-a expediat din România cu un şut în dos, folosindu-mă chiar de informaţiile fostului său spion". Însă după ce a întors ultima filă a cărţii – virulentă la adresa „Geniului din Carpaţi" şi a Savantei de renume mondial –, Binder s-a răzgândit. Ba chiar era mai hotărât ca oricând să nu facă rabat în privința convingerilor sale. Prea multe povești din cartea scrisă de către Pacepa i s-au părut cusute cu ață albă.

În 1988 relațiile dintre Casa Albă și Nicolae Ceaușescu erau reci. Așadar, un articol elogios despre cartea generalului Pacepa, fost adjunct al serviciului de spionaj românesc, fugit în SUA în 1978, ar fi căzut bine la Washington. Însă, pe David Binder, omul care îl cunoștea pe Ceaușescu, ca și nomenclatura de la București, dezvăluirile generalului l-au dezamăgit profund. Ba chiar a intuit că pasaje întregi din volumul semnat de către Pacepa sunt pure invenții. Așa că iată ce scria, în „The New York Times", la 3 ianuarie 1988: *„RED HORIZONS: Chronicles of a Communist Spy Chief. By Lieut. Gen. Ion Mihai Pacepa. (Regnery Gateway/ Kampmann, $19.95.) In 1945, Rumanian intelligence officers provided the nascent United States... In 1978, Ion Pacepa, chief of the Rumanian foreign intelligence service, defected to the United States, one of the highest-ranking East European espionage chiefs to change sides since Communist rule was established în Eastern Europe...".*

Pe scurt, după ce-l prezintă pe Pacepa drept un șef al spionajului românesc care a defectat în SUA, Binder susține că, potrivit Departamentului de Stat și ofițerilor care l-au interogat pe Pacepa, în vederea obținerii de informații, dar și în legătură cu activitatea sa din România, există multe semne de întrebare în privința veridicității celor furnizate de către general. În opinia lui Binder, volumul „Orizonturi Roșii" – o versiune a vieții și a experiențelor lui Pacepa – sporea îndoielile asupra faptului că defectarea generalului a fost chiar o realizare impresionantă. În consecință, ziaristul trăgea concluzia că domnul Pacepa ar fi o „prostituată fericită" a spionajului („Mr. Pacepa is the Happy Hooker of the spy trade", scria Binder).

Un ziarist prestigios, bun cunoscător al României comuniste – declarat în două rânduri indezirabil de către Ceaușescu – l-a luat peste picior pe general, înainte de 1989, într-un fel care nu lasă loc de interpretări. Chiar în „The New York Times", cu un an înainte de căderea lui Ceaușescu, Pacepa a fost numit o prostituată a spionajului. De altfel, Binder este primul gazetar care a pus sub semnul întrebării veridicitatea informațiilor furnizate americanilor de către general. Greu de păcălit un vulpoi precum ziaristul american, care, după experiența trăită la București, știa bine cum să aleagă bobul de neghină. Pe de altă parte, atunci a avut discuții lungi cu ofițeri de contrainformații din SUA implicați direct în cazul Pacepa, care i-au oferit informații la prima mână legate de interogatoriul generalului.

La 27 martie 1988 – nu se știe de ce a așteptat atât de mult timp –, Pacepa îi dă replica lui Binder, tot în „The New York Times". Generalul scria că nu poate pricepe de ce Binder îl numește o „prostituată fericită" – doar pentru că e un „defector", cuvânt pe care-l consideră nepotrivit, ori pentru că are alte opinii politice decât cele ale ziaristului în legătură cu regimul de la București? Pacepa mai susținea în dreptul său la replică faptul că evadarea sa din blocul sovietic și repulsia împotriva comunismului nu sunt forme de prostituție. De înțeles supărarea lui Pacepa, însă David Binder era greu de combătut atunci. Scrisese despre România încă din 1963, cu un an înainte de „încoronarea" lui Ceaușescu. Practic, nu avea rival în domeniu. Atenție! – în 1988 ne aflam în plin Război Rece, iar noi, românii, știam că Pacepa era socotit un trofeu rar la Washington. Ce a fost cu adevărat important însă: nici ziariștii, nici oficialitățile americane nu l-au contrazis pe Binder. Așa că Pacepa nu s-a limitat doar la dreptul la replică. El susținea că Binder ar fi o sursă de influență a Securității. Acuzație fără efect, de vreme ce credibilitatea și integritatea lui Binder n-au fost puse niciodată la îndoială.

În 2002, l-am cunoscut pe David Binder la București. Firește, am încercat să deschid subiectul Pacepa. „Altceva mai bun n-ai de făcut. Am spus deja tot ce am avut de spus", apoi mi-a arătat, pentru a zecea oară, ceasul său de cinci dolari, ca să schimbăm subiectul. Însă, în finalul dialogului nostru, a adăugat că nici după 14 de ani de la publicarea articolului în „The New York Times" nu și-a schimbat părerea. Cred că bănuiți că și la a doua întâlnire am reluat subiectul Pacepa... Revenind la „Orizonturi Roșii", cartea a avut un efect devastator asupra lui Ceaușescu. Adevăruri împletite cu minciuni, dar ținta a fost atinsă. Iată însă că și după 1989 generalul a continuat să lanseze tot felul de povești fantasmagorice, care nu de puține ori l-au umplut de ridicol. Avem deja foarte multe informații din surse autorizate legate de marii defectori ai lagărului comunist. Despre generalul Pacepa știm doar ce ne-a spus el, iar americanii tac mâlc, cel puțin deocamdată.

## 08

## CHIPUL GENERALULUI PACEPA S-A SCHIMBAT DOAR DATORITĂ TRECERII ANILOR

Generalul Ion Mihai Pacepa n-a făcut niciodată operaţie estetică. Nu şi-a schimbat înfăţişarea „secret de stat în SUA", aşa cum afirma realizatoarea TV Lucia Hossu Longin, după ce s-ar fi întâlnit cu el.

Şi Securitatea era încredinţată că Ion Mihai Pacepa a fost supus unei operaţii de schimbare a fizionomiei, imediat după ce, preluat de un avion militar american din Germania Federală, a ajuns la Washington.

Un document din noiembrie 1981, provenit de la Departamentul de Informaţii Externe, arată că generalul Ion Mihai Pacepa a fost supus unei operaţii estetice, după dezertarea din 1978. Atunci, şefii spionajului care primiseră ordin de la Ceauşescu să găsească locul în care se ascundea directorul erau convinşi că acesta şi-a schimbat fizionomia cu ajutorul chirurgiei estetice. „După trădare (*stă scris în documentul amintit, aflat acum la CNSAS, Pacepa, n.n.), a fost supus unei operaţii estetice, poartă barbă şi mustăţi tunse scurt. Domiciliază sub identitatea de Paul Montaigne în apropierea Washingtonului, cartier Convington Shed [...], într-o zonă locuită de foste cadre ale CIA [...]. Posedă un imobil cu două nivele prevăzut cu sisteme de avertizare-alarmare și are pază permanentă la acesta. Foloseşte autoturismul cu nr. Va-UKP-980. Ca menajeră personală este folosită numita Iskra Maria, de origine iugoslavă, angajată a CIA, care este dirijată de regulă și spre alți trădători români..." La 20 ani după ce Securitatea a produs acest document, Imre M. Szabo, reporter la televiziunea maghiară Duna TV, afirma, după un interviu cu Pacepa fără imagini însă, că acesta a fost nevoit să facă patru operații estetice pentru a-și schimba înfățișarea și a scăpa de cei care-l urmăreau. Și alți ziariști au susținut de-a lungul vremii că Pacepa și-a schimbat fizionomia, chiar dacă nu l-au văzut.

În primăvara anului 2009, realizatoarea TVR Lucia Hossu Longin susținea, tot după un pretins interviu cu Pacepa, că acesta a făcut trei operații de remodelare a feței. Interviul a fost unul audio – Pacepa n-ar fi a permis să fie filmat.

Generalul Pacepa nu a făcut operații estetice pentru schimbarea fizionomiei, iar informația provine din mai multe surse a căror onestitate nu poate fi pusă la îndoială. Mai mult, omul l-a văzut pe Pacepa de mai multe ori, cunoaşte foarte bine cazului generalului defector și, foarte important, nu este un adversar al acestuia. Așa că doamna Hossu Longin s-ar putea să regrete într-o zi declarația făcută în legătură cu operațiile estetice ale lui Pacepa. Într-adevăr, înfățișarea generalului Pacepa s-a schimbat, însă doar datorită trecerii anilor. Povestea legată de chipul său – „secret de stat în SUA" –, aşa cum afirmă Lucia Hossu Longin, este doar o gogoriță.

Mă opresc însă doar la un singur pasaj din cartea realizatoarei tv publicată după pretinsul interviu cu Pacepa: „«Unde sunteți?», se aude o voce baritonală. Sar, surprinsă. O recunosc. El trebuie să fie! Însoțit de o echipă, intră primul, înaintea celorlalți. Ne îmbrățișăm. Are lacrimi în ochi. Este aşa cum mi-l închipuiam. Stătură impozantă, viguroasă, atletică, îmbrăcat «la costum». Nu mai are pe chip rigiditatea funcției. Tăcerile ei. Singurătatea. E vesel, deși cred că are inima sfâșiată; dorul de ţară, de prieteni, de mormintele părinţilor. A împlinit de curând 80 de ani, dar pare de 50, de parcă ieri ar fi plecat" – Lucia Hossu Longin, „Faţă în faţă cu generalul I. M. Pacepa", Editura Humanitas. Doamna Hossu şi-a spus limpede opinia în cazul Pacepa, închinându-i o adevărată odă. Nu doresc însă să intru într-o polemică pe această temă. Remarc doar că acest pasaj nu sugerează cititorului faptul că ea s-a întâlnit cu un om care a făcut trei operaţii estetice, unul care şi-at fi schimbat complet fizionomia şi ca să scape de rigiditatea funcţiei. Dacă realizatoarea TV l-a recunoscut pe general înainte de a-l vedea, oare cum de nu l-au dibuit cei care ar fi pus recompense uriaşe pe capul său, după cum susţine Pacepa? Şi ca totul să se transforme într-o adevărată operă comică, doamna Lucia Hossu Longin a realizat chiar un film documentar, difuzat de TVR, la baza căruia a stat presupusul interviu din SUA, în care Pacepa este interpretat de un... actor, care, la rândul său, a fost filmat în spatele unui paravan. Aşa că ridicolul chiar a atins sublimul.

Una dintre aberaţiile debitate de către Pacepa este legată de povestea cu agenţii „big-penis" pregătiţi de Securitate să înfrunte Occidentul. A fost contrazis chiar de către spionii trimişi de el peste graniţă, în anii '70, care susţineau că în nici un caz mărimea bărbăţiei ar fi fost criteriul selecţiei. Ilară e şi povestea legată de recompensa imensă pe care Putin ar fi pus-o pe capul generalului – 20 de milioane de Euro, despre care a vorbit Hossu Longin, citându-l pe Pacepa.

Pe lângă mitul pe care şi l-a creat în jurul său, generalul a mai avut un motiv să stea în umbră. Dacă ieşea la rampă, misterul din jurul său, întreţinut, în primul rând, de schimbarea fizionomiei, nu mai valora două parale. Apariţii publice i-ar fi creat de altfel şi alte probleme: întrebări incomode, interviuri pe care nu le putea controla, polemici ş.a.m.d. Aşa că Pacepa a preferat situaţii sigure, făcând apel doar la ziarişti favorabili.

Însă, atunci când va fi confirmată informația legată de faptul că generalul nu a făcut niciodată vreo operație estetică, de reputația sa se va alege praful. Minciună asta nu va fi înghițită nici dacă se invocă chestiuni de securitate personală. Mai ales că, din 1989 încoace, n-a existat nici cel mai mic indiciu că cineva i-ar fi dorit răul.

## 09

## PARTIDELE DE AMOR ALE LUI MARIN PREDA CU NINA CASSIAN, DEZVĂLUITE POLIȚIEI POLITICE DE CĂTRE ION CARAION

Notele informative scrise de oameni cu talent literar au fost catastrofale pentru cei luați în colimator de poliția politică. Însă atunci când delațiunile aparțineau poetului Ion Caraion, de pildă, cel urmărit stătea chiar pe o „bombă atomică". Până și cele mai intime aspecte ale vieții lui Marin Preda au fost cunoscute de ofițerii care îl supravegheau. Are Ion Caraion rival între informatorii Securității din lumea literară? Până acum, nu.

Ion Caraion a fost racolat de Securitate în 1964. La 11 ianuarie 1966, scria prima notă informativă legată de Marin Preda, semnată Nicolae Anatol – numele conspirativ pe care și l-a ales poetul. În opinia poetului, amicul său era un obsedat sexual și un grobian care se bucura de succes literar doar datorită unor conjuncturi.

Delațiunea din 11 ianuarie începe cu întâmplări legate de anii în care Preda ocupa funcția de corector la ziarul „Timpul". Conform lui Anatol, tânărul Marin Preda era veșnic nemâncat și în ultimul hal de oboseală, motiv pentru care adormea în timp ce corecta șpaltul. Însă de câte ori era trezit brusc – îl informa poetul pe maiorul de securitate Mircea Albescu –,

Preda „izbucnea într-un râs hlizit, silnic, spunând (pentru el, pentru șeful corector, pentru corectorii ceilalți sau, pur și simplu, pentru nimeni) următoarele cuvinte: «Scoate p... să ți-o tai»". Asta-i parte hazlie, dacă o pot numi așa. Nota continuă cu un fragment cutremurător. Informatorul scria că, în 1945, după ce Preda a venit din armată, „arăta ca un strigoi", așa că l-a dus, aproape cu forța, la un fotograf. „Am mers cu el și l-am fotografiat", arata Caraion, savurând cu sadism izbânda de-a imortaliza starea mai mult decât precară a prietenului său. Apoi, cu lux de amănunte, descrie cum, invitat într-o seară în garsoniera poetului Miron Radu Paraschivescu, Preda a preferat să iasă și să se ușureze pe maidanul de lângă bloc în loc să folosească baia. Pentru că, i-ar fi mărturisit ulterior Marin Preda, la toaletă erau vase de „marmură așa de curate"...

Culmea ipocriziei, Caraion scoate în evidență și generozitatea sa, relatându-le securiștilor un episod de prin anii '50. Atunci, dezvăluia el, ar fi intervenit pe lângă un medic de la „Parhon" ca să îl ajute pe Marin Preda, dar și pe soția acestuia, să se trateze, gratis, de... blenoragie.

Urmează apogeul notei informative a lui Anatol: scenă fierbinte cu Marin Preda și N. C. – „o femeie rafinată care știa și franțuzește", după cum i-ar fi mărturisit chiar Preda. Pe scurt, Securitatea era informată de către Caraion că scriitorul și „femeia rafinată" făceau sex într-unul dintre „birourile fostului Minister al Artelor, aflat atunci în blocul Ambasador", iar „pat le era dușumeaua". N. C. este poeta Nina Cassian.

Ciudat însă, șefii cei mari ai Securitate nu păreau interesați de informațiile furnizate de Caraion legate de relația sexuală dintre Marin Preda și Nina Cassian. Mai mult, un ofițer superior a scris pe marginea notei informative următoarea rezoluție: „La ce vă ajută aceste detalii psihologico-literare? Agentului nu-i este rușine de notă?". Să-i fi creat atâta nervozitate întâmplări care puteau sta totuși la baza unui eventual șantaj?

Documentul, înregistrat la 20 ianuarie 1966 și catalogat atunci „Strict Secret", abundă atât în considerații legate de viața intimă a scriitorului, cât și în comentarii legate de lipsa de instruire a romancierului. Ulterior, notele informative ale lui Caraion sunt semnate cu numele de cod ARTUR. Marin Preda și Ion Caraion au fost prieteni timp de aproape 40 de ani. Romancierul n-a știut până la moarte că Ion Caraion a fost agent al Securității, așa că l-a susținut pe poet, cu precădere în anii '60, atât pe tărâm literar, cât și material.

Ion Caraion – pe numele său real Stelian Diaconescu – n-a fost singurul scriitor de talent constrâns să colaboreze cu Securitatea. Au colaborat și alții, la fel de celebri. Însă, de multe ori, ofițerii au fost nevoiți să consemneze lipsa de sinceritate a informatorilor, sau refuzul lor de a colabora serios, sub diferite pretexte. Caraion a avut însă înclinație spre delațiune. Își dorea pactul cu Diavolul pentru că doar atunci se simțea cu adevărat puternic. Iar acest fapt reiese clar dintr-o notă secretă a Securității, datată 24 aprilie 1968, în care scrie: „Colaborează (*Ion Caraion – n.m.*) din anul 1964. Până în vara anului 1967 a furnizat informații foarte bune. Din vara anului 1967 a refuzat să mai colaboreze. În luna martie 1968 a reluat singur legătura cu noi. La început nu a furnizat nimic interesant, apoi, în ziua de 23 aprilie 1968, a furnizat date interesante despre (*scriitorul - n.m.)* Dumitru Țepeneag". N-a putut să se rupă de Securitate, ba chiar s-a întors de bunăvoie la cel care-l racolase.

Caraion a părăsit România în 1981, cerând azil politic în Elveția. Acolo a atins însă și culmea ipocriziei. Păi despre cine credeți că scria el în Elveția? Firește, despre bunul său prieten Marin Preda, „considerat – după cum susținea atunci poetul – cel mai de seamă prozator de după al Doilea Război Mondial" pe care, susținea tot Caraion, l-ar fi ucis tenebroasa Securitate a lui Ceaușescu.

După ce a plecat în țara cantoanelor, la Lausanne, Securitatea dorea să-l folosească în continuare ca agent, însă poetul a refuzat. Adevărat, nu a cedat presiunilor venite din țară, dar nici nu s-a spovedit. Refuzul său a provocat o reacție brutală, iar Centrala de la București a recurs la șantaj, apoi l-a deconspirat și compromis în revista „Săptămâna", condusă de scriitorul Eugen Barbu. Episodul este cunoscut, așa că nu insist. Tot în Elveția Caraion a încercat să se elibereze de trecut, denunțând sistemul totalitar din România – „comunism cu fața fascistă". N-a reușit să fie credibil. Se bănuia deja că file din „Jurnalul" său, publicat de „Săptămâna", erau de fapt note informative. Pentru a-l determina să colaboreze și după ce s-a stabilit în Elveția, ofițerii de la București au folosit metode de-a dreptul teroriste: de la telefoane nocturne și scrisori de amenințare până la racolarea unei foste amante a lui Caraion, stabilită în Occident. Femeia avea rolul principal într-o operațiune care viza compromiterea fostului informator. Acțiunea Securității a fost însă contramandată, fiindcă poetul s-a îmbolnăvit, iar în anul 1986 a murit.

## 10

## ILARION CIOBANU, „DOCTRINA CEAUŞESCU" ŞI PROFEŢIA REGIZORULUI LUCIAN PINTILIE

Marele actor Ilarion Ciobanu a făcut profeţii sumbre pentru regim, chiar înainte ca Nicolae Ceauşescu să piardă puterea. El n-a fost un disident, dar vorbea pe şleau atunci când alţii doar şuşoteau pe la colţuri. Din acest motiv se afla în atenţia Securităţii, care-l botezase, foarte ciudat: CORA. Puţini ştiu că, în august 1987, actorul a vorbit critic la adresa „Doctrinei Ceauşescu". Tot atunci, scriitorul Fănuş Neagu, botezat FANE de către poliţia politică, credea că Petru Enache, un înalt activist de partid care răspundea de propagandă, a fost „ajutat" să moară. Surprinzătoare este şi profeţia sumbră a regizorului Lucian Pintilie din 1987, legată de românii pe care-i socotea inapţi de a trăi noţiunea de ispăşire.

Înainte de orice manifestare importantă, precum a fost, de pildă, Congresul Educaţiei Politice şi al Culturii Socialiste din august 1987, Securitatea se asigura că nimeni nu va mişca în front. Ofiţerii şi sursele lor intrau în alertă şi orice informaţie devenea utilă. Poliţia politică sufla şi-n iaurt, dacă era nevoie, ca să nu se trezească vreun rebel vorbind, înainte ori după cuvântarea lui Nicolae Ceauşescu. Ieşirea lui Constantin Pârvulescu, întemeietor al partidului comunist, care în 1979 s-a ridicat la Congresul al XII-lea al PCR împotriva cultului personalităţii „Conducătorului iubit", era încă vie în mintea securiştilor.

Operaţiunea declanşată cu scopul de-a supraveghere participanţii la Congresul Educaţiei Politice şi al Culturii Socialiste purta numele de cod „Flacăra '87".  Au fost vizaţi nu doar cei care aveau acces în Sala Palatului din Bucureşti, locul unde se desfăşura congresul, ci şi alte personalităţi culturale ale momentului, ori oameni obişnuiţi legaţi de acest eveniment. În acest context, Securitatea ştia exact ce crede Ilarion Ciobanu despre Nicolae Ceauşescu. O convorbirea „neprincipială" a actorului cu un bărbat (nu i se pomeneşte numele, probabil informatorul) a fost consemnată la 18 august 1987 în „nota-sinteză" a operaţiunii „Flacăra '87".

„Obiectivul CORA (Ilarion Ciobanu, actor), într-o discuţie cu un cetăţean, îi relatează despre lucrările congresului, şi anume: că a fost pronunţată public doctrina Ceauşescu şi că educaţia politică trebuie să fie pe primul plan şi apoi celelalte. De asemenea, afirma că la congres a fost stabilit un statu-quo, dându-i-se mână liberă lui Dulea să facă totul, şi că precis o să se revină cu cititul ziarelor, în colectiv, dimineaţa. Îşi exprimă nedumerirea că din Consiliul Educaţiei Socialiste nu face parte nici un cineast şi nici un plastician." Cât pe ce să se îndeplinească profeţiile actorului din perioada congresului, iar modelul nord-coreean să devină realitate şi în România. Mihai Dulea, vicepreşedinte al Consiliului Culturii şi Educaţiei Socialiste, unul dintre înalţii activişti ai PCR care avea drept sarcină cenzurarea oricărui derapaj ideologic.

Şi scriitorul Fănuş Neagu a fost atent monitorizat în timpul Congresului Educaţiei Politice şi al Culturii Socialiste. El comentase „necorespunzător" împrejurările în care tocmai murise Petru Enache, secretar cu propaganda al Comitetului Central al PCR. „Obiectivul FANE (*Fănuş Neagu - n.m.*) – scrie în nota-sinteză din 18 august 1987 –, discutând cu un prieten (*al cărui nume, de asemenea, nu-l aflăm - n.m.*) despre decesul lui Petru Enache, a afirmat că acesta «a cam fost ajutat să moară, deoarece a oscilat între camera 1 şi camera 2, unde la prima i se spunea că e deștept, iar la a doua că era bou și nu mai rezistă»". Cu alte cuvinte, Nicolae Ceaușescu îl aprecia pe Enache, în timp ce soția sa, Elena, nu-l putea suferi, poate și mai rău.

Securitatea mai știa și că FANE nu agrease deloc cuvântarea lui Ceaușescu de la congres și că avea o părere proastă despre cei care puseseră încă o cărămidă la postamentul cultului „Conducătorului iubit". „Gopo, Ecaterina Oproiu și Țoiu au elogiat cuvântarea șefului statului într-o manieră de lingușeală, care pe el (*Fănuș Neagu - n.m.*) îl revoltă. După părerea scriitorului, cuvântarea nu a adus nimic nou și este veche de peste două sute de ani", arată documentul Securității.

Tot legat de acest congres, într-o altă notă a Securității din 21 august 1987 se află transcrierea unei convorbiri înregistrate dintre scriitorul Octavian Paler și regizorul Lucian Pintilie. „În contextul discuțiilor purtate cu privire la Congresul educației politice și culturii socialiste din august 1987, Octavian Paler a afirmat: «Dacă eram ales ca delegat, le spuneam deschis că nu mă duc. Toți scriitorii erau nemulțumiți, într-un fel sau altul, dar nici unul nu a avut curajul să nu se prezinte, ba mai mult, cei care au luat cuvântul au vorbit numai în adjective la superlativ la adresa șefului statului, deși nu așa simțeau sau gândeau»". Ce nu știa Paler atunci era că, după cum consemna chiar Securitatea, mai mulți scriitori, muzicieni ori plasticieni n-au venit deloc la congres, iar alții, precum violonistul Ion Voicu ori regizorul Horea Popescu de la Teatrul Național, au părăsit sala imediat după cuvântarea lui Ceaușescu.

Memorabil este însă un alt un fragment din discuția regizorului Lucian Pintilie cu scriitorul Octavian Paler pe marginea celor petrecute la Congresul Educației Politice și al Culturii Socialiste, o adevărată profeție înregistrată de Securitate.

Lucian Pintilie, 21 august 1987: „Nu vom învăța nimic din această experiență, pentru că nu vom mai avea nici un fel de rușine, poporul ăsta e inapt de a trăi noțiunea de ispăşire, adică lucrul grav se va arăta numai după ce acest teribil accident istoric se va consuma. Acum suntem narcotizaţi de teroarea aceasta tragedistă, atunci va fi îngrozitor...".

# 11

## FELIX JOACĂ PE MUCHIE DE CUȚIT ÎNTRE SPIONAJUL ROMÂNESC ȘI CIA

Amor fierbinte, spionaj, răsturnări de situații, operațiuni de pedepsire în care a fost implicată „Cosa Nostra". Cazul agentului Felix-Scărlătescu pare inspirat dintr-un film de acțiune, dar s-a petrecut aievea. Spionul a jucat pe muchie de cuțit ca să o aibă lângă el pe Vasilica Teodoru, „femeie de moravuri ușoare", cum o numea Securitatea, ori s-a lăsat racolat la ordinele șefilor săi de la CIA? De ce nu acceptă Ceaușescu ca mafia americană să-i asasineze, contra cost, pe dezertorii din serviciul său de spionaj,

Consiliul Național pentru Studierea Arhivelor Securității (CNSAS) a publicat în anul 2009 un document legat de FELIX și spionajul românesc. Apărea doar numele conspirativ al agentului. Însă știam încă din 1997, conform documentelor scoase la iveală de către Mihai Pelin din arhivele Securității, că acest nume conspirativ i-a fost atribuit de DIE lui Alexandru Scărlătescu. Povestea este una fabuloasă.

După război, deși foarte tânăr, Scărlătescu se implică într-o afacere dubioasă cu piei de vită. Atunci când și-a dat seama că poliția îl urmărește, a fugit din România în Austria, unde s-a combinat cu o evreică, scăpată ca prin minune dintr-un lagăr nazist de exterminare. Apoi, cei doi au trecut în

57

Germania Occidentală şi s-au stabilit într-o colonie destinată refugiaţilor. Acolo, tânărul Scărlătescu şterge orice legătură cu ţara natală. Prin intermediul prietenei sale, el obţine de la şeful coloniei actele unui evreu decedat. Peste noapte, fugarul devine Fred Kolman, născut la 8 octombrie, nu la 10 august, dată la care venise de fapt pe lume. Tot în Germania, cei doi s-au căsătorit, iar ulterior au plecat în SUA, la rudele soţiei. Sfârşitul anilor '60, începutul anilor '70. În străinătate, ba chiar şi România, se credea că regimul de la Bucureşti doreşte să iasă din îngheţul comunist. Acesta ar fi fost şi motivul pentru care Kolman-Scărlătescu revine în ţară ca turist. La Bucureşti o cunoaşte pe Vasilica Teodoru, de care s-a îndrăgostit nebuneşte. Asta şi pentru că mariajul din SUA mergea din ce în ce mai rău. Soţia lui Kolman, puternic marcată de anii petrecuţi în lagărul nazist, căzuse în patima beţiei.

Securitatea îl avea deja în observaţie pe cetăţeanul american, ba îi şi deschisese un dosar de urmărire, crezându-l spion, dar n-a aflat nimic compromiţător. Ofiţerii consemnau doar petrecerile fastuoase pe care Kolman i le oferea Vasilicăi Teodoru la Bucureşti, Sinaia, Predeal ori pe litoral. Apoi, le cade pară mălăiaţă, sau cel puţin aşa credeau şefii centralei de la Bucureşti. Asta pentru că, în 1974, Alexandru Scărlătescu, alias Fred Kolman, bănuit de spionaj, devine agent al Securităţii. Racolare s-a petrecut după ce, folosind un paşaport falsificat grosolan, Scărlătescu încercase să o scoată din ţară pe Vasilica Teodoru, însă aventurii celor doi i s-a pus capăt Vama Veche. Interogatoriile Securităţii n-au fost dure, dar nu prevesteau nimic bun. Aşa că bărbatul acceptă propunerea de-a colabora cu românii. Ulterior, el a fost trecut în ograda DIE, devenind agent al spionajului românesc în SUA. Nume de cod: FELIX.

De numele lui FELIX sunt legate mai multe operaţiuni ale Centralei de la Bucureşti care aveau ca scop depistarea defectorilor români – ofiţerii DIE dezertori. Unul dintre aceştia a fost Constantin Răuţă, care în 1973 a cerut azil politic în SUA. Gestul său, catalogat de către autoritățile de la București drept înaltă trădare, i-a adus condamnarea la moare. Securitatea ținea morțiș ca sentința să fie executată, așa că i-a cerut lui FELIX să angajez doi pistolari din Cosa Nostra. Era vehiculată și suma: 30–40 de mii de dolari. Foarte mulți bani pentru acea vreme, iar, ipoteza că șefii de la vârful spionajului intenționau să ciupească din banii „killerilor" poate fi luată în seamă. Însă Ceaușescu a contramandat operațiunea în ultimul moment. Refuzul liderului de la București de-a aproba asasinarea lui Răuță reiese clar dintr-un document publicat de CNSAS în 2009, care conține și alte informații importante legate de cazul agentului FELIX. Este vorba despre un raport al generalului Gheorghe Manea, din 22 martie 1979.

„«Felix» a plecat după acesta în SUA – scria Manea – și a început să acționeze pentru realizarea sarcinii [...] ne-a făcut și o comunicare, conform celor stabilite în planul de legătură, din care rezultă că a luat legătura cu organizația mafiotă și că urmează a se acționa asupra lui Răuță. Am raportat această situație g-ral col. N. Doicaru și a doua zi am primit de la dânsul un telefon (pe telefonul scurt) în care mi-a comunicat următoarele (redau textual): «Mă aflu la cabinetul tovarășului președinte al R.S. România, de aici îți telefonez. Am ieșit chiar acum de la dânsul. N-a aprobat să se acționeze asupra lui Răuță. Ia imediat măsuri și anunță-l pe FELIX ca să nu mai acționeze asupra lui Răuță. Ești răspunzător de executarea acestui ordin»".

După cum se vede, Ceaușescu a dat dovadă atunci că avea mai multă minte decât șefii DIE, mă refer în primul rând la Nicolae Doicaru și Ion Mihai Pacepa. Dacă spionajul îl asasina pe Răuță, un agent prea puțin important, dădea dovadă de o prostie crasă – iar Ceaușescu s-ar fi aflat în fața unui scandal internațional de pomină. Firește, n-a fost vorba despre umanismul socialist, ci doar despre pragmatism.

Din nota generalului Manea mai aflăm o informație deosebit de importantă. Kolman-Scărlătescu i-a mărturisit lui Manea, în iunie 1978, chiar înainte de fuga lui Pacepa, că lucra pentru CIA – angajat civil cu un salariu de aproximativ 3.000 de dolari pe lună. Tot el îi dezvăluia generalului și faptul că este un „combinator" al serviciului de informații american, iar relațiile sale cu mafia, încă de la sfârșitul anilor '50, au fost adâncite tot din însărcinarea CIA.

FELIX mai susținea că lucrează într-o secție care se ocupa și de compromiterea unor personalități politice (americane sau străine) ori de lichidarea fizică a unor oameni. Adică, el ar fi cl care aducea ținta în „bătaia puștii". Agentul afirma atunci că acceptă în continuare colaborarea cu românii, dar atenționa Centrala de la București că, de fapt, nu poate obține informații legate de politica externă a SUA ori informații militare, pentru că nu dispunea de asemenea posibilități. Apoi, atunci când Manea i-a spus lui Kolman–Scărlătescu că Pacepa, cel care îi cunoștea fișa de la DIE, a dezertat, omul a suferit un șoc. Alb la față, a mai putut spune: „Domnule, de ce mi-a fost frică n-am scăpat". Ulterior, FELIX anticipează etapele prin care va trece Pacepa în SUA, cum va fi interogat și păzit, trăgând concluzia că nu prea există șanse ca Securitatea să ajungă la dezertor.

Atunci când am scris primul articol despre agentul FELIX, mult înainte de momentul în care CNSAS a publicat informații noi legate de spion, credeam că pot descifra acest caz în mare parte. Însă, după apariția notei lui Manea, realizez că lucrurile sunt mult mai complicate. Cu cât au ieșit la iveală mai multe documente legate de această afacere de spionaj, cu atât a devenit mai nebuloasă. Kolman-Scărlătescu s-a lăsat de bună voie racolat de Securitate? A fost cu adevărat anchetat de către americani, după dezertarea lui Pacepa, pentru că ar fi lucrat cu românii? – așa cum arătau documentele Securității studiate de către Mihai Pelin.

Însă, cu siguranță, cel mai mare mister rămâne „spovedania" bruscă a lui FELIX în fața generalului Manea, fără un motiv întemeiat, chiar înaintea fugii lui Pacepa.

## 12

# MISIUNE IMPOSIBILĂ: LICHIDAȚI „THE WASHINGTON POST" !

„The Washington Post" trebuia redus la tăcere. Cel dintâi pas: cumpărarea masivă de acțiuni de către agenții acoperiți ai Departamentului de Informații Externe ori de către intermediari, în scopul destabilizării ziarului. Nicolae Ceaușescu era dispus să plătească oricât pentru această operațiune, catalogată chiar de către șefii spionajului românesc drept „științifico-fantastică". Însă, chestiunea a fost luată în serios și prelucrată îndelung pentru a se găsi posibilități concrete de a pune pe butuci prestigiosul cotidian american. Momentul a constituit și o „revelație" pentru capii Securității: atunci și-au dat seama că liderul de la București trăiește într-o altă lume.

Totul a început după evenimentul petrecut în fața Hotelului Waldorf Astoria, cu ocazia vizitei în SUA a lui Nicolae Ceaușescu, după cum mi-a povestit Nicolae Vlăsceanu.

Hotelului Waldorf Astoria din New York, 16 aprilie 1978, orele 19.30. Nicolae Ceaușescu se află în fața a peste 400 de manifestanți. Unii dintre aceștia purtau drapele maghiare. Protestatarii nu doar că scandau lozinci ostile liderului de la București, dar aruncau cu ouă și roșii spre „conducătorul iubit".

Îi cereau să respecte drepturile omului în România. Surpriza era absolută. Urechile celui care se credea „noul Mesia al comunismului" nu mai auziseră până atunci, clar şi răspicat: „Jos Ceauşescu, jos dictatorul!". Atunci, „Cel mai iubit fiu al poporului dintre Dunăre şi Carpaţi" a fost nevoit chiar să se furişeze pe uşa din dos de la Waldorf Astoria. Şocul a fost atât de puternic, încât se spune că, la scurt timp după acest episod, lui Ceauşescu i s-a făcut rău şi de furie chiar a vomitat.

Securitatea a susţinut în faţa comandantului suprem că manifestaţia din faţa Hotelului Waldorf Astoria a fost pusă la cale doar de către iredentiştii maghiari, însă chiar şi Ceauşescu a aflat, ulterior, că mulţi dintre „iredentişti" erau români.

Întors la Bucureşti, liderul comunist ia o hotărâre stranie. În loc să-i facă răspunzători pe generalul Ion Mihai Pacepa, organizatorul vizitei în SUA, ori pe generalul Nicolae Doicaru de episodul de la Waldorf Astoria, cere, nici mai mult, nici mai puţin decât desfăşurarea unei operaţiuni care să ducă la închiderea ziarului „The Washington Post". Aţi citi bine! Motivul nu era legat doar de faptul că publicaţia relatase pe larg despre mitingul organizat la New York, în timpul căruia s-au scandat lozinci anticeauşiste – şi în alte ziare din SUA s-a scris despre manifestaţia românilor. „Washington Post" păcătuise, de neiertat, dezvăluind şi că la manifestaţia organizată de către în replică celei de la Waldorf Astoria, au participat oameni plătiţi de regimul comunist de la Bucureşti. Informaţia îi parvenise lui Ceauşescu chiar de la rezidenţa de spionaj din SUA şi l-a făcut să vadă roşu în faţa ochilor. „Geniul din Carpaţi" era convins că o presă ostilă lui nu poate fi decât una plătită. Aşa că planul încolţit în mintea lui a fost următorul: să cumpere publicaţia, după care să o închidă. Nu conta cât costa toată operaţiunea.

Atât Nicolae Vlăsceanu, cel care mi-a relatat episodul, cât şi alţi agenţi răspândiţi în diferite colţuri ale lumii, cum susţine tot el, au rămas fără grai la auzul ordinelor venite chiar de la comandantul suprem. Şi asta pentru că era vorba despre o misiune imposibilă. Însă nici Doicaru, nici Pacepa, adjunctul celui dintâi, nu s-au opus pe faţă lui Ceauşescu. Nici chiar Nicolae M. Nicolae, ofiţer deplin conspirat al DIE, ambasadorul României în Statele Unite, n-a îndrăznit să-i spună liderului de la Bucureşti că într-o democraţie lucrurile funcţionează altfel decât credea omul care conducea destinele Republicii Socialiste România. Greii spionajului nu îndrăzneau să-i arate şefului cel mare că nu te poţi duce în SUA, aşa, ca la piaţă, ca să cumperi o publicaţie atât de importantă – apoi s-o închizi.

Paradoxal, dorinţa lui Ceauşescu legată de „The Washington Post" nu s-a schimbat nici după fuga generalului Pacepa în SUA, din vara anului 1978. În continuare, comandantul suprem a ordonat DIE „măsuri de influenţare pozitivă", de cumpărare a ziarului şi, ulterior, închiderea acestuia.

Respectivul moment, de-a dreptul ridicol, poate fi comparat cu un altul, care i-a făcut pe mulţi dintre liderii lumii de atunci să râdă în hohote. După ce a fost numit preşedinte, la şedinţa de deschidere a Marii Adunări Naţionale, „Geniul din Carpaţi" şi-a făcut intrarea în scenă purtând un sceptru, similar celor ale monarhilor. Celebrul pictor Salvador Dali, cunoscut pentru nonconformismul şi excentricitatea sa, i-a trimis liderului de la Bucureşti o telegramă de „felicitare", de fapt, o ironie care, surprinzător, a fost publicată pe prima pagină în oficiosul „Scânteia". Şi asta pentru că nimeni nu a avut curaj să spună: „Tovarăşe Ceauşescu, pictorul face mişto de dumneavoastră". Aceeaşi situaţie şi în cazul dorinţei lui Ceauşescu de-a obţinere Premiului Nobel pentru Pace. Şefii serviciilor secrete n-au îndrăznit să-i spună comandantului suprem că, oricâte sfori ar trage agenţii Bucureştiului, e imposibil ca râvnita distincţie să ajungă la Bucureşti, chiar şi pentru că, în acea perioadă, România se afla pe locul patru în clasamentul ţărilor exportatoare de armament.

„The Washington Post" n-a fost nici cumpărat de agenții Bucureștiului și nici închis. Spionii lui Ceaușescu n-au reușit nici măcar „influențarea pozitivă" a publicației. Încet-încet, și Ceaușescu s-a resemnat, dar n-a uitat de Nicolae M. Nicolae, ambasadorul în SUA, unul dintre cei care trebuia să tragă multe sfori pentru a îngenunchea ziarul. În martie 1979, la nici un an de la episodul Waldorf Astoria, ambasadorul, colonel de securitate, care avea și păcatul să fi fost prieten cu Pacepa, este trecut în rezervă: liderul de la București ajunsese la concluzia că spionul său se pricepea doar cum să-i scutească pe demnitarii comuniști de taxe vamale, nicidecum la operațiunile de anvergură.

## 13

# CEAUȘESCU N-A MAI AVUT LOC ÎN *BESTSELLER*-UL „ULTIMUL PAPĂ"

Nicolae Ceaușescu n-a avut loc în *bestseller*-ul „Ultimul Papă", semnat de portughezul Luis Miguel Rocha, în pofida mediatizatelor sale legături cu „Propaganda Due", organizație pe care o putem numi personajul principal al cărții, în care combină inspirat faptele reale cu ficțiunea. „Ultimul Papă" are ca subiect asasinarea lui Ioan Paul I, cel care a stat la Vatican doar 33 de zile. La 29 septembrie 1978, Suveranul Pontif a murit în condiții misterioase.

În cartea sa, Luis Miguel Rocha acreditează ideea că în spatele asasinării lui Ioan Paul I stă, în primul rând, „Propaganda Due" (P2), lojă masonică nespecifică, condusă o lungă perioadă de Licio Gelli. În anii '70, organizația lui Gelli s-a bucurat de susținerea a peste o mie de oameni influenți din mai multe țări, printre care bancheri, mari industriași, generali, politicieni, magnați ai presei ori persoane influente din serviciile secrete. Apoi, după căderea comunismului s-a vorbit mult și în România despre „Propaganda Due", ca și despre relațiile respectivei loje cu Ceaușescu. Apoi, la jumătatea anilor '90, chiar de la vârful „P2" a venit următoarea declarație ambiguă: „Nu cred că poporul român și-a răsturnat conducătorul. Judecătorii care l-au condamnat pe Ceaușescu la moarte nu erau pregătiți, n-au fost în stare să-i pună în față problemele necesare, pe care nu pot să vi le dezvălui, este secret".

Luis Miguel Rocha, autorul cărții „Ultimul Papă", susținea într-un interviu că omul care a dat ordinul asasinării Papei Ioan Paul I a fost Licio Gelli, șeful „Propaganda Due", născut în 1919. De altfel, mai multe voci din Italia, dar nu numai, au calificat „P2" drept „organizație criminală secretă" cu legături puternice la nivel internațional, în special cu clasa politică din Argentina.

Trecând peste declarații mai mult sau mai puțin bombastice legate de „Propaganda Due", criticată în primul rând de cei care împărtășesc convingeri de stânga, să vedem totuși ce se află în arhivele secrete din România. Conform documentelor dintr-un dosar, întocmite de către Securitatea internă după fuga lui Pacepa, colaborarea spionajului românesc cu „P2" a început în primăvara anului 1971. Atunci, șefii DIE au crezut că l-au prins pe Dumnezeu de un picior: italianul Giancarlo Elia Valori – un personaj cu relații excelente în mediile diplomatice, financiare și culturale din întreaga lume – ar fi fost recrutat de către Centrala de la București. Ulterior însă, a venit momentul adevărului. Valori – prieten cu Ceaușescu, dar și cu alți membri marcanți ai partidului, nu era chiar „sursă de influență" a DIE ci, mai degrabă, omul serviciilor secrete occidentale, cărora le furniza importante informații despre liderii de la București. Mai mult, se afla chiar în vârful organizației „Propaganda Due", adversară a comunismului.

Dar, s-o luăm cu începutul. În 1971, în calitate de secretar general al Institutului Italian pentru Relații cu Străinătatea și consilier la Radioteleviziunea de la Roma, Giancarlo Elia Valori a intrat în legătură cu atașatul nostru de presă de la Roma. Cel din urmă, ofițer al spionajului românesc, l-a plasat în „parohia" colonelului Petre Ciobanu, tot din rezidența de spionaj a DIE de la Roma. Primele acțiuni în care a fost antrenat Valori erau legate de publicarea unor cărți la mai multe edituri din Italia – unele prestigioase, altele, mai puțin cunoscute – semnate de către Nicolae Ceaușescu...

Odată ce cărțile „Geniului din Carpați" au fost tipărite – pe banii Bucureștiului, firește –, capii DIE l-au invitat pe Valori în România. Cu acest prilej, el a intrat în legătură cu mai mulți membri marcanți ai partidului comunist – Ștefan Andrei, Ghizela Vass, Cornel Burtică, Mihai Dulea. Apoi, italianul a rupt-o cu ofițerii Securității, pentru că deja avea relații mult mai înalte la București. Așa că DIE n-a avut decât să consemneze atitudinea lui Valori într-un document strict secret: „A început (*Giancarlo Elia Valori, n.m.*) să se îndepărteze de cadrele Direcției de Informații Externe cu care avea legături până atunci".

Nu aduc în discuție cadourile pe care Valori le-a oferit demnitarilor români, atunci când îi invita în Italia. Este de la sine înțeles că omul știa să atingă cu dibăcie corzile sensibile. Important este faptul că, în conformitate cu arhivele secrete, Elia Valori, sub paravanul publicării operelor lui Ceaușescu, a avut ca principală sarcină obținerea de contracte avantajoase pentru fabricile de textile din Arezzo, proprietăți ale lui Licio Gelli – surse importante de finanțare ale activității Lojei „Propaganda Due". La fel de important, în avionul cu care Juan Domingo Peron s-a întors în Argentina ca președinte ales al acestei țări (23 septembrie 1973) se afla și Giancarlo Elia Valori. Altfel spus – după cum îmi povestea Mihai Pelin –, omul ăsta avea anvergură. Nu era nicidecum un simplu bișnițar de biografii, așa cum își închipuiau ofițerii DIE.

Nicolae Ceaușescu și Juan Domingo Peron au fost considerați aliați de nădejde ai Lojei „P2" conduse de Licio Gelli, cel care o lungă perioadă ar fi menținut Italia în stare de frică și teroare. Mai există și ipoteza că în 1966, anul înființării „Propaganda Due", Ceaușescu ar fi primit binecuvântarea organizației, iar, ulterior, onoruri în cancelariile occidentale și sprijinit economic. Asta-i legenda. Privind înapoi însă, Gelli a fost un membru activ al „Cămășilor Negre" aflate sub comanda lui Mussolini, iar, la mijlocul celui de-al doilea război mondial, el a devenit și un fervent susținător al aliaților, motiv pentru care i s-a mușamalizează trecutul. Așadar, un om care a lucrat pentru Mussolini, dar și pentru Aliați, i-ar fi întins o mână și unui comunist fanatic, precum Ceaușescu? Greu de crezut atâta vreme cât „P2" a fost înființată tocmai cu scopul de a reprezenta „nucleul dur al rezistenței" în fața unei ipotetice victorii a comunismului asupra Europei Occidentale. O ultimă redută.

Gelli a făcut afaceri cu Nicolae Ceaușescu din două motive. Primul, pragmatic: în România mâna de lucru era foarte ieftină. Al doilea: prin intermediul lui Giancarlo Elia Valori, el descoperă slăbiciunile puterii de la București, mai ales că înalții demnitari i-au oferit chiar tot concursul. Nici că se putea mai bine pentru o grupare care, până la urmă, avea drept scop stoparea răspândirii comunismului în Occident.

Nu cred că Nicolae Ceaușescu a înțeles de unde se trage alăturarea sa de „Propaganda Due", iar securiștii și demnitarii din jurul său n-au avut niciodată curajul să-i explice că legăturile lui Valori cu personaje sus-puse de la București i-au folosit doar italianului și Lojei „P2".

## 14

## Nicolae Ceaușescu a trimis un mesaj dur serviciului secret francez, crede Jean Rochet, fost șef al DST

Un atașat militar, bănuit că ar fi spion, moare la București în condiții suspecte. Accident ori crima? S-a crezut că a fost vorba despre o replică extrem de dură dată Franței de către Ceaușescu. Se întâmpla în 1969.

Recent, un document postat pe site-ul WikiLeaks sublinia agresivitatea Parisului în materie de spionaj. „Spionajul francez este atât de extins, încât pagubele (pe care le provoacă) economiei germane, în totalitatea lor, sunt mai importante decât pagubele provocate de China sau Rusia" – telegramă nedatată a Ambasadei Statelor Unite din Berlin.

„Franța este «Imperiul Răului» în ceea ce privește furtul tehnologiilor, iar Germania știe acest lucru", a declarat, în octombrie 2009, Berry Smutny, directorul general al OHB Technology, o companie producătoare de sateliți. Oare aceasta să fi fost și părerea șefilor fostei Securități, atunci când ar fi tranșat pe teritoriul României, cu maximă duritate, o afacere de spionaj?

La patru ani după ce s-a instalat la putere, Nicolae Ceaușescu a trimis un mesaj dur serviciului secret francez, implicit Franței. Cel puțin aceasta a fost concluzia lui Jean

Rochet, fost şef al Direcţiei de Supraveghere a Teritoriului (DST) – serviciu secret francez care avea drept principală sarcină contracararea acţiunilor de spionaj, până în 1990.

După ce, în 1969, contraspionajul francez anihilează „Reţeaua Caraman" (este vorba despre o reţea de spionaj românească, cu acoperire diplomatică, care a cules informaţii secrete despre NATO, beneficiarul principal fiind însă spionajul sovietic), la Bucureşti se petrecea un lucru uluitor – ţinând cont de relaţiile deja ascendente dintre România şi Franţa. Colonelul Cheyron d'Abzac din armata franceză a fost spulberat pur şi simplu de un camion militar. În volumul „Cinci ani în fruntea DST– Misiune imposibilă", Editura Fundaţiei Culturale Române (2008), Jean Rochet susţine că între d'Abzac, care mai avusese misiuni oficiale în România, şi „Afacerea Caraman" nu a existat nici o legătură. Însă, în opinia fostului şef al DST, serviciile secrete româneşti de la acea vreme l-ar fi confundat pe colonel cu un agent secret. În consecinţă, lichidarea acestuia ar fi fost o replică dură dată Parisului care tocmai anihilase o importantă reţea de spionaj a Bucureştiului.

Abia sosit în capitala României de câteva ore, colonelul francez este victima unui accident de circulaţie. Atât Cheyron d'Abzac, cât şi şoferul mor pe loc după ce un camion militar intră cu mare viteză în limuzina ambasadei, pe „o arteră largă" şi... necirculată – scria fostul şef al serviciului secret francez în volumul „Cinci ani în fruntea DST".

Tot conform lui Rochet, imediat după „accident", agenţia de presă română s-a grăbit să anunţe ştirea, prezentându-l pe Cheyron d'Abzac drept un şef de birou (de informaţii) pentru ţările din estul Europei. „Am avut sentimentul – mărturisea Jean Rochet în cartea mai sus amintită – că acest deces suspect reprezintă răzbunarea Securităţii; comunicatul era dovada".

Aşadar, după „căderea" diplomaţilor spioni din Franţa – cum îi numeşte Rochet –, adică a lui Mihai Caraman, şeful reţelei, Pavel Cismaru, Victor Dorobanţu, Mihai Georgescu, Mihai

Ilie, Mihai Ionescu, Constantin Mirea, Marian Negrea, Ion Păduraru, Mihai Simula, Mihai Țincu, Ion Tomescu, Eugen Vișan, Centrala de la București răspunde, asasinând un alt spion. Suntem în fața unei dezvăluiri a fostului șef al DST, un om foarte bine informat. Însă nu sunt sigur că atunci când a scris, Rochet deținea cheia acestei nebuloase afaceri de spionaj, chiar dacă a condus unul dintre cel mai redutabile servicii de informații din lume.

Membrii „Rețelei Caraman" au spionat NATO sub comanda ofițerului de securitate Mihai Caraman (în prezent, general în rezervă), însă au fost scoși din joc de către francezi atunci când nu-și mai aveau rostul – după cum se știe deja. Este aproape sigur că serviciul de contraspionaj francez cunoștea toată activitatea lui Caraman, dar i-au permis să spioneze, pentru că acțiunile sale împotriva NATO serveau politicii generalului de Gaulle din acea perioadă. Liderul francez a fost un adversar înverșunat al Alianței și, totodată, unul dintre cei care au privit cu mare interes spre Uniunea Sovietică. În acea perioadă, generalul de Gaulle visa la o Europă condusă de o alianță franco-germană acceptată și de Moscova, iar niscai lovituri sub centură date NATO, dar mai ales SUA, erau binevenite – oficial, atacul era declanșat de un dușman aflat în lagărul socialist. Pare din ce în ce mai limpede că scurgerea de documente secrete spre blocul sovietic, via Caraman, s-a produs cu încuviințarea tacită a contraspionajului francez, care ani buni s-a făcut că nu observă activitatea rețelei românești de spionaj.

Dacă Cheyron d'Abzac a fost lichidat de Securitate cu acordul lui Ceaușescu, înseamnă că liderul de la București chiar era convins că membrii Rețelei Caraman au reușit să spioneze NATO datorită unui plan foarte bine ticluit. Să fi crezut Ceaușescu atunci că Franța este un Imperiu al Răului care-i spulberă agenții, reacționând dur, însă cum nu se poate mai prost? Nu este imposibil, dar greu de crezut. În 1969, liderul comunist de la București își făcea planuri mari de colaborare cu Franța, fapt dovedit ulterior. Nu avea nici un rost să ordone lichidarea unui om, fără o miză importantă, imediat după vizita lui de Gaulle în România – considerată, la acea vreme, un succes al Bucureștiului – doar ca să irite Palatul Élysée. Paranoia lui s-a manifestat mult mai târziu. În 1969, Ceaușescu n-avea motive de confruntare dintr-un unui orgoliu rănit. Ba chiar încerca o deschidere către lumea liberă, și cu ajutorul Franței, tocmai ca să arate independența sa față de Moscova.

Implicarea românilor în accidentul care a dus la moartea colonelului francez este doar una dintre ipoteze. O alta – sovieticii ar fi orchestrat acest „accident". Colonelul d'Abzac ar fi fost ucis de către agenții KGB care răzbunau astfel anihilarea Rețelei Caraman, de pe urma căreia Moscova beneficiase din plin. Și cea de-a doua ipoteză ridică însă multe semne de întrebare. Sovieticii știau foarte bine care pot fi consecințele unei asemenea operațiuni. De români nu le păsa, puteau să acționeze pe teritoriul lor. Însă, cel puțin teoretic, Moscova nu avea motive să înfurie serviciul secret francez, mai ales că, în acea perioadă, mulți dintre agenții ei nu întâmpinau probleme prea mari din partea contraspionajului francez.

Probabil că nu se va afla niciodată de ce a murit Cheyron d'Abzac. Spionajul real nu-i precum cel din filme. Este și un joc ciudat, absurd uneori, în care și hazardul are un rol însemnat.

## 15

INTERVIU PENTRU SPION SAU O ZI FERICITĂ DIN
VIAŢA CÂRMACIULUI

Lui Nicolae Ceauşescu i se făcea pe plac fără cârtire, iar
serviciile secrete româneşti n-au precupeţit nici un efort pen-
tru ca liderul de la Bucureşti să fie întotdeauna mulţumit. O zi
fericită pentru „Cârmaci", aşa cum îi plăcea să i se spună, era
şi aceea în care ziariştii din Occident îi luau un interviu. Însă
atunci când prostia se combină cu spionajul, amestecul poate
deveni de-a dreptul exploziv.

Ce n-a aflat Ceauşescu niciodată: un gazetar străin, căruia
i-a oferit un amplu interviu pentru revista americană „Busi-
ness Week", era în realitate ofiţer de Securitate. Numele: Ion
Agheană, infiltrat în SUA după o complicată operaţiune secre-
tă a DIE. În dosarele Centralei de la Bucureşti purta numele
de cod ADAM. Pentru americani, se numea John Pearson.

20 noiembrie 1973. „Scânteia", oficiosul Partidului
Comunist Român, publică un amplu interviu acordat de
către Nicolae Ceauşescu ziaristului american John Pear-
son. După ce materialul care anunţa şi vizita lui Ceauşes-
cu în SUA a apărut în ziarul românesc, ample fragmente
din acest interviu au fost publicate şi în revista „Business
Week", unde Pearson era redactor–şef adjunct. Ciudat. Fi-
resc ar fi fost ca discuţia dintre ziaristul de la Washington

și Ceaușescu să fi fost publicată mai întâi de către revista americană. Cert e că generalului Ion Mihai Pacepa nu i-a scăpat amănuntul.

Nici Ceaușescu, nici Cornel Burtică, pe atunci ministru al comerțului exterior, de față atunci când șeful statului român a discutat cu redactorul-șef adjunct de la „Business Week", habar nu aveau că ziaristul era român și că fusese infiltrat în SUA de către Securitate în urmă cu opt ani. Și nici că interviul fusese aranjat de către spionajul românesc doar ca să gâdile orgoliul din ce în ce mai exacerbat al lui Ceaușescu. John Pearson, pregătit în cadrul Direcției U din Departamentul de Informații Externe de către ofițerul Ioan Toma, se integrase perfect în societatea americană. Apoi a reușit să ocupe un post de profesor universitar și altul de redactor-șef adjunct la prestigioasa publicație „Business Week" − statut la care un agent de influență ori un spion român ajungea cu mare greutate.

Pacepa nu doar că a sesizat că Pearson poate fi un spion despre care el nu știa, dar în scurt timp a reușit să afle identitatea reală. Ulterior, informația i-a fost confirmată generalului de către subalternul său, Gheorghe Manea − cel care, după fuga lui Pacepa, a avut mult de pătimit. Era și firesc, Manea nici măcar nu s-a întrebat de unde deținea generalul o informație strict secretă, la care, teoretic, nu avea acces. Însă lucrurile nu s-au oprit aici. La trei ani după interviul pe care Pearson i l-a luat lui Ceaușescu, generalul Pacepa a participat la o ședință a Brigăzii F, unde a felicitat ofițerii prezenți pentru modul în care Agheană a fost infiltrat în SUA. Toți cei de față au rămas muți. Conform normelor elementare de conspirativitate, misiunea agentului nu trebuia cunoscută decât de către cei care se ocupau nemijlocit de ADAM. Era nefiresc să se vorbească despre acest agent la o ședință, fie ea și a unei brigăzi a spionajului. Paradoxal, chiar și după acest episod, lui Pacepa nu i-a cerut explicații nici șeful său, Nicolae Doicaru. Totodată, e limpede că generalul a primit informația inițială despre Agheană de la un ofițer care lucra la dosarul respectiv, dar nu se știe nici până azi cine a fost acesta.

La un an de la această ședința de pomină, Ion Agheană, alias John Pearson, intră în atenția agenților FBI, care l-au sfătuit, spre binele său, să dezvăluie totul despre activitatea informativă pe care o desfășoară în favoarea DIE. După 12 ani de la infiltrarea cu succes în SUA, ADAM a fost nevoit să vorbească. Cel puțin așa credeau atunci șefii Centralei de la București.

Povestea nu se termină însă aici. După ultima vizită a lui Ceaușescu în SUA din primăvara anului 1978, Pearson a fost anchetat din nou de către FBI. Apoi, imediat după fuga generalului Pacepa, a fost chemat București și pus pe linie moartă. Aici nu s-a adaptat vieții de zi cu zi. Se pare că marile cuceriri ale comunismului îl cam lăsau rece. Așa că – surpriză! – omul a cerut Ambasadei SUA la București acordul de a se întoarce la Washington. Și – din nou surpriză! – cererea lui a fost acceptată.

Informația că Ion Agheană, alias John Pearson, a intră în atenția agenților FBI după ședința în care Pacepa își felicita subalternii pentru modul în l-au infiltrat în SUA, este cea deținută de anchetatorii care investigau fuga Pacepa. Eu îndrăznesc să cred însă că Pearson a fost „întors" ceva mai înainte. Mai bănuiesc și faptul că serviciile pe care le-a adus SUA au fost mai importante decât pagubele produse de către agentul DIE cu numele de cod ADAM.

# RÂNJETUL FANTOMEI

După căderea lui Ceaușescu (22 decembrie 1989) – pe care Securitatea nu l-a trădat fățiș, ci doar l-a lăsat să cadă în gol –, șefii poliției politice refuză să admită că au servit un regim represiv și corupt. Precum cameleonii, s-au camuflat până și la pseudoceremonia depunerii armelor. Apoi, peste noapte, noii guvernanți au transformat tenebroasa Securitate în Serviciul Român de Informați (SRI) și Serviciul de Informații Externe (SIE), întemeiate, spuneau ei, pe valorile democrației.

Însă, mare surpriză în ce privea spionajul reloaded. Între 1990 și 1992, primul șef al SIE, ridicat pe „piatra de mormânt" a DIE, a fost generalul Mihai Caraman – nimeni altul decât omul care a spionat NATO în favoarea sovieticilor. Caraman devenise brusc un înfocat susținător al Alianței, ba chiar cel care atenționa conducerea de la București, dar și Occidentul, că rușii dețin o impresionantă armată de agenți în România. Situația era de-a dreptul ilară. Spionul Securității, decorat și la Kremlin, denunța rețeaua Moscovei chiar din poziția de șef al SIE. Dacă președintele Ion Iliescu, cel care i-a succedat lui Nicolae Ceaușescu, părea mulțumit de prestația lui Caraman, Manfred Wörner, pe atunci secretarul general al Alianței Nord-Atlantice, a declarat, cu vehemență, că nu va vizita Bucureștiul atâta vreme cât fostul spion ocupă scaunul de șef al SIE. Era firească atitudinea sa. Liderii de la București făceau demersuri peste demersuri pentru aderarea țării la NATO, declarând sus și tare că au rupt-o definitiv cu trecutul, dar la conducerea spionajului se afla tocmai persoana care adusese prejudicii Alianței Nord–Atlantice. Mesajul lui Wörner a avut însă efect. În aprilie 1992, președintele Ion Iliescu aprobă pensionarea lui Caraman. Acest episod poate fi înțeles în contextul unei perioade tulburi. România era condusă pe atunci de eșalonul doi al defunctului PCR. Ce s-a petrecut însă 14 ani mai târziu, pe vremea în care ne aflam deja în NATO și cu un picior în UE, poate sta la baza scenariului unei comedii savuroase.

Octombrie 2006. Președintele Traian Băsescu îl desemnează șef peste spioni pe consilierul său Claudiu Elwis Săftoiu, fost ziarist, în prezent președinte al TVR. Numirea lui Săftoiu la SIE – alături de care am colaborat la o revistă de satiră politică – n-a fost decât hatârul pe care Băsescu i l-a făcut consilierei sale preferate, Adriana, soția lui Săftoiu. Însă o alegere mai proastă nici că se putea, motiv pentru care criticile acide în mediile politice și în presă n-au întârziat să apară. În ce mă privește, chiar atunci când Săftoiu tocmai primea votul Parlamentului, scriam într-un articol: „Iată, avem și un Bulă al spionajului în vârstă de doar 38 de ani", iar gura mi-a fost „aurită". După un scandal legat de un grup de muncitori români reținuți într-o bază americană, moment gestionat cum nu se poate mai prost, Săftoiu s-a împotmolit pur și simplu într-un morman de ridicol. Aflat în fața unei comisii parlamentare, directorul SIE declara, senin, că serviciul pe care-l conduce deține aparatură de interceptare a convorbirilor telefonice, în pofida faptului că doar SRI (serviciu secret intern) este abilitat de lege în acest sens. Întors în biroul său, Săftoiu retractează, afirmând că a făcut o gravă și regretabilă confuzie, pentru ca, la scurt timp, să se răsucească cu 180 de grade. Respectiva prestație l-a costat însă o demisie rușinoasă, la doar cinci luni de la preluarea funcției.

Și Ioan Talpeș, istoric militar, director al SIE între 1992 și 1997, este un personaj pitoresc. În 1985, în fișa sa de cadre de la Ministerul Apărării Naționale se consemnase faptul că și-a însușit temeinic conceptele din documentele partidului comunist, ca și „opera" de o inestimabilă valoare a tovarășului Nicolae Ceaușescu. Cine ar fi crezut că, șapte ani mai târziu, din poziția de șef al spionajului, Talpeș primea misiunea „istorică" să reformeze democratic SIE, ba mai mult, să-l armonizeze cu servicii similare din NATO – un bloc militar mai mult decât dușmănos în opinia lui Ceaușescu, a cărui „operă" și-o însușise Talpeș în 1985. Nu știm încă nimic despre reforma lui Talpeș la SIE, dar îmi amintesc de hohotele de râs pe care le stârneau interviurile sale din care aflam stupefiat cum ditamai șeful SIE se bagă pe sub mese ca să „planteze" microfoane în interesul securității naționale. Declarațiile lui Talpeș de pe vremea în care ocupa fotoliul de director al SIE, dar și după, au ceva comun cu cele ale lui Pacepa: sunt halucinante.

Mihai Răzvan Ungureanu, director al SIE între 2007 și 2012, a susținut cu consecvență într-o serie de interviuri că serviciul a rupt-o cu trecutul. Ba chiar ar fi fost reconstruit complet în anii 2004, 2005, 2006, „după un cu totul alt model, pe o cu totul altă filosofie de acțiune, implicit cu alte reguli interne, mult mai flexibilă, mai modernă și inteligibilă în interacțiunea cu servicii omoloage din lume". Concluzia: SIE n-a rămas DIE. Tot Ungureanu afirma: „Și un matematician, și un sociolog, și un istoric, și un profesor de limbi străine, și un profesor de sport pot, la fel de bine, fi spioni. Pentru că, ceea ce li se cere – dincolo de cunoașterea profesională aprofundată a domeniului de referință din care vin – mai este și altceva: capacitatea de a se transforma în ceea ce nu au fost înainte".

Din câte se vede acum, reconstrucția despre care vorbea cu atâta convingere pare să se fi făcut sub deviza: „Vom fi ce-am fost și mai mult decât atât, fiindcă avem capacitatea de-a părea că nu mai suntem ce eram înainte". Drept dovadă, din 28 februarie 2012, la conducerea SIE a venit Teodor Meleșcanu (72 de ani), un bărbat cu adevărat charismatic, dar format la școala diplomației lui Ceaușescu. În mai multe rânduri, foști agenți ai Securității ori diplomați ai regimului comunist au susținut că Meleșcanu a fost ofițer acoperit al DIE. Nu există dovezi în acest sens, însă, în regimul Ceaușescu, diplomația românească și spionajul au fost strașnic împletite.

Dacă în cazul lui Meleşcanu lipsesc dovezile directe, acestea există berechet în cazul lui Dan Voiculescu – om de afaceri, fost lider de partid (Partidul Conservator, aflat în prezent la guvernare în cadrul coaliţiei Uniunea Social-Liberală), senator, dar mai ales, mogul de presă. El este dovada vie că fantoma Securităţii bântuie nestingherită prin România. Potrivit Consiliului Naţional pentru Studierea Arhivelor Securităţii, poliţia politică l-a recrutat pe Voiculescu în februarie 1970 – nume conspirativ: „Mircea". Apoi, în 1973, el intră în reţeaua Direcţiei a III-a a Securităţii – nume de cod: „Felix", pentru ca, în 1982, să devină reprezentantul firmei cipriote Crescent Commercial & Maritime Ltd. Cyprus în România, care avea o relaţie privilegiată cu Securitatea.

După căderea lui Ceauşescu, „Felix" a participat la toate jocurile din politica românească în pofida problemelor sale cu justiţia. Mai mult, fostul agent al Securităţii, conducător al unui imperiu mediatic precum al lui Berlusconi, şi-a pus televiziunile ori publicaţiile şi în slujba amicilor politici, iar adversarii au fost supuşi unui adevărat linşaj mediatic.

2102–2103 este perioada în care trustul lui Voiculescu a atins apogeul manipulării practicată cu ardoare de subalternii mogulului, însă la modul cel mai periculos. Iar asta se vede atât din România, cât şi din Germania, de pildă. Altfel prestigiosul „Frankfurter Allgemeine Zeitung" n-ar fi scris că Voiculescu îşi foloseşte imperiul mediatic „ca armă contra justiţiei, a concurenţilor săi economici şi împotriva adversarilor politici", iar „zbirii" săi, adică realizatorii emisiunilor care au drept scop linşajul mediatic „sunt specialişti ai dezinformării, de care serviciul secret al lui Ceauşescu ar fi fost mândru".

# CUPRINS

---

www.ingramcontent.com/pod-product-compliance
Lightning Source LLC
Chambersburg PA
CBHW050430290526
45786CB00003B/1469